日本近代図書館学叢書 6

図書の選択
――理論と実際

竹林熊彦――著

慧文社

「日本近代図書館学叢書」の刊行にあたって

インターネットの普及によって情報の発信・入手が容易になり、ネットワーク化が加速度的に進んでゆく現代。このような時代の中、図書館はどこへ向かえばいいのか。知の集積かつ共有の場としての図書館の専門性とは何か。

日本図書館協会が「日本文庫協会」として設立されてから一二五年、『図書館雑誌』の創刊から一一〇年である二〇一七年を迎えるにあたって、日本の近代図書館の創成期や発展期を担った先人たちの名著を繙くことは、図書館の「いま」と「これから」を見据えるために必須の作業であることは疑いを容れない。

本叢書がこれからの図書館の発展に寄与することを願ってやまない。

「日本近代図書館学叢書」刊行委員会

改訂版刊行にあたって

一、本書は一九五五年に発行された竹林熊彦・著『図書の選択― 理論と実際』（蘭書房）を底本として、編集・改訂を加えたものである。

一、原本における明らかな誤植、不統一等は、これを改めた。

一、原本の趣を極力尊重しながらも、現代の読者の便を図って以下の原則に従って現代通行のものに改めた。

i　送り仮名や句読点は、読みやすさを考えて適宜取捨した。

ii　外来語、国名、人名など一部の語句を、現代の一般的な表記に改めた。法律の条文などの改正点は［　］付きの註で示した。（　）は原註である。

iii　索引は五十音順とし、原本の項目に従って作成した。その際、追加した方がよいと思われる項目を一部追加し、重複すると思われるものを省いた。

慧文社

まえがき

本書は、図書館の図書選択に関して、ここ数年来、天理大学・天理短期大学の教壇で、また各地の大学で開かれた、図書館専門職員養成講習で講述したところを基《もと》とし、これを取捨して一本に纏《まと》めたものである。図書の選択は、図書館のたいせつな仕事であると同時に困難な問題であることは、図書館に関係をもつ者の誰しも承知している事がらである。それを十分に満足してもらえるように書き上げることは、浅学不才《せんがくふさい》のわたくしには荷の勝ち過ぎる難事業であることは、誰よりもわたくしが一番よく知っている。

しかし回顧すると、昭和五年八月文部省主催の図書館事項講習会が九州帝国大学付属図書館で開かれたとき、はじめて「図書選択法」を講じ、また同年マッコルヴィンの著書の一部を翻訳して『図書館雑誌』に掲載して以来、図書選択に対するわたくしの関心は、「悪夢」のように久しく続いている。このあたりで、わたくしの永いあいだの図書館人生活に一つのピリオドをうちたいという気持から筆を執ってみた。しかも多くの先輩同学の著書・論文に教えられ、友人・同志の指導をうけながら、それらをことごとくこなしきれない不肖の罪の軽からぬものを感ずる。

わたくしの考えによれば、教育の目的は、究極において、文盲（あき《マ》めくら《マ》）をなくすることであると信ぜられる。文盲には、それこそ文字どおり、目に一丁字のない、いわゆる無筆とよばれるものがある。しかしまた、学校にいるあいだ教科書だけは読むが、学校を卒業してしまえば、もう何も読まないものもまた、文盲のうちに数えてよいであろう。さらに学校を出て社会人となってからも、書物を読むには読むが、価値のあるものを選ぶことができないで、ただ閑つぶしに、手当たりまかせに読んで満足しているものも、文盲といってよいのではなかろうか。

第一の文盲は、普通教育が徹底すると、その数は少なくなるのであるが、それでも大正六年内務省社会局労働部の調査によると、工場労働者で全く学校教育をうけなかったものが13・5％、小学校の中途退学者が13・９％で、義務教育未終了者合計27・４％となっている。また大正十三年統計局の労働統計によると、鉱山労働者で、全く学校に行かなかったものが20％にちかく、尋常小学校を中途で退学したものが27％もあって、鉱山労働者の47％にちかいものが義務教育を終わっていないのである。

わが国の就学率は、戦前では99・６％を上廻っていて、世界に誇りとしていたものであるが、実際には上述のように、義務教育を終わっていないものが、相当の数に達しているのである。教育といえば学校だけを意味し、学校を卒業しさえすれば、それで一人前の人間教育が完成されると考えている、たがのゆるんだ教育者たちは、以上の数字を何と受け取るであろうか。また近ごろの調査によると、教科書以外の書物は、何も読んでいないというものが、小学校で17％、中学校で27％、高等学校になると32％

もあり（大学の入学試験準備のためかも知れない）、三十才をこしてなお読書するものは、４%にすぎないということである。

一九三六〜七年アメリカのメリーランド州で、十六才から二十四才までの青年一三、五二八人について調べたところ、図書館を利用するものは、修学年数に比例するということが分かった。すなわち在学八年以下の青年で、公共図書館を利用しているものは、わずかに3%であるのに対して、カレッジを卒業したものの25%が、引きつづき図書館を利用していた。これらの事実から、児童生徒は学校を離れると同時に、図書館の利用をやめてしまう傾向があり、在学年限が長ければ長いほど、形式的な教育を終わったのちでも、図書館の利用を継続するものであるという結論が下されたのである。

このように、文字が全く読めないのではないのに、読まないもの、読めないものが、青年にも、成人にも相当に多いところを見ると、かりに読んでいても、ロクなものを読まないものは、さらに多いのではないかと思われる。アメリカでは学校の卒業式をCommencementというそうであるが、公共図書館が多く、かつ盛んなアメリカでは、学校の門を出てからも、図書館に行き、自分で自分を教育している。その手はじめであると考えて、Commencementという言葉に、かなりに興味がもてる。それでもなお、利用するものの比率が前記のとおりであるとすると、まま児あつかいにされているわが国の図書館が、どれだけ国民全体に奉仕しているかと思うと、わが国の文化の前途に戦慄をおぼえるほどである。

誰でも、そう沢山に書物が読めるものではない。大学教授のように、比較的に読書に費す時間の余裕のある人たちであっても、あるいはそうした時間の余裕をつくりうる人たちであっても、一年に三百冊の図書を読破するということは困難である。だから、すべての国民が、価値のあるものを読むことを喜びとし、読書を通じて人間としての教養をふかめ、職業的技術と知能とをたかめ、図の内外に起こった重要な問題に対して、正しい理解と判断とをくだし、市民としての責任を果たすのでなければ、教育が普及したとは言われないのであって、やはりあきめくらの状態にあるといってよいのではないか。

われわれは昔から伝わった書物、新しく出版された書物のうちから、必要とするものを読まなければならない。とするならば、それらの書物をことごとく手許に置くわけにはいかない。どうしてもある程度は、図書館に依存しなければならない。どれほど学校教育が充実したところで、学校図書館がどれだけ整備されようとも、もし公共図書館の国民奉仕が行き届かなければ、捨子を沢山つくるというのに過ぎないように感ぜられる。しかしわたくしの経験と観察とによれば、図書館がだんだん、いくらかずつでもましな状態に改善されてゆく希望がもたれると思う。この希望に勇気づけられて、ともかくも本書を刊行することを決心したのである。

ここに不敏《ふびん》なわたくしに対し、講壇に立つことを寛容された関係各位に感謝の意を表すると同時に、この講筵《こうえん》に列して、いろいろの意味で、わたくしを鞭韃《べんたつ》して下さった多くの方々に、厚くお礼を申したい。畢竟《ひっきょう》するにわたくしは、多くの人々の善意と激励と助言とにより支持されているに過ぎない。もし本書がいくらかでも、各方面にお役に立つとするならば、これらの方々の好意がむくいられたことである。わたくしの幸福と愉悦と、これに過ぐるものはない。

一九五五年　五月の陽を浴びて　下鴨の寓にて

著　者

目次

序説　図書選択の予備的条件

A　近代図書館の特色

図書館は、ことさらにいうまでもないが、きわめて古い時代に発生し、歴史的進歩の過程を経て、おもむろに発達してきた公の施設である。そして、国々によって時代がちがえば、それぞれ政治・学術・文化の様相が異なっているように、環境のちがう民族社会は、その生活様式もおのずから個別的である。近代図書館もまた、民族のもつ歴史的背景により、各国それぞれ、進化と発展のすがたが相違しているのは、当然のことである。わが国の近代図書館も、その設置と発達とをみちびいた根本の原因と動機とは様々で、むしろ複雑に過ぎていたといってもよいぐらいである。従って図書館の目的も、その活動分野も、広汎になりがちであるため、ややもすれば、その中心がぼやけて散漫におちいりやすく、皮相にとどまって徹底を欠き、いまだに暗中もさくの状態にあるのではないかと思わしめるものがある。

おしなべて新しい近代図書館の特色は、伝統的図書館が**文書中心**であったのに対して、**生活中心**に移行したという点である。その結果、図書館資料はその数を増加したばかりでなく、その種類もまた、前の時代とくらべて、はるかに拡大されたのである。伝統的図書館が、過去の思想と行動とについて、価値のある記録を保存することに力を注いだのに対して、近代図書館は、図書館資料の保存を軽視し、無視するわけではないけれども、むしろこれらの多種多様の図書館資料を、いつでも、どこでも、誰にでも、その求むるままに、多くの手数と時間とをかけないで、立ちどころに利用させ、そうすることによって、利用する人々の生活を豊かにし、文化の創造に役だたせる場となったのである。そして、これらの図書館資料の利用も、過去においては、王侯・貴族・祭司・学者・富豪といった少数の特権階級（Class）に限られていたのを、門戸をひらいて、一般大衆（Mass）に解放し、老若男女の別なく、宗教的信条にかかわりなく、政党政派を問わず、社会的身分と経済的地位を論ぜず、ひとりびとりの趣味と関心とに応じて、心ゆくばかりにエンジョイすることができるようになった。

そればかりでなく、近代図書館には、図書館資料について深い知識をもち、適当な教育と訓練と経験とを積んだ**図書館専門職員**がいる。そしてそれらの図書館専門職員は、それぞれ図書館の設立目的に従って、図書館資料を取捨選択し、分類し、目録をつくり、安全な場所にそれを保管するなど、科学的整理をすると同時に、彼等の助言と指導とを通じて、児童も青年も成人も、富めるものも貧しいものも、労働者も資本家も、商売人も公務員も、学者も無学者も、教師も生徒も、宗教信者も無神論者も、自由主義者も保守主義者も、革新派も反動派も、健康なものも肢体不自由な人も――すべての人々が、その必要とする情報とレクリエーションの資料の提供をうけ、それぞれの生活に合致・融和させられることを目標とした**図書館奉仕**が行われている。

奉仕機関としての図書館は、その地域社会——コミュニティー（Community）——に親しまれ、愛されるものでなければならない。そうして、はじめて図書館は、地域社会の基本的要求に即応することのできる、必要で欠くことのできないユニットとなるのである。

B　図書館とは何か　その種類

図書館とは、図書館法（昭和二十五年法律第一一八号）によると、図書・記録その他必要な資料を収集し、整理し、保存して、一般公衆の利用に供し、その教養、調査研究、レクリエーションに資するを目的とする施設をいうのであって、地方公共団体又は民法（明治二十九年法律第八九号）第三十四条の法人［編集部註・昭和二十七年の図書館法改正後は、設置者に「日本赤十字社」が追加］が設置するもの［編集部註・平成二十年改正後は「一般社団法人若しくは一般財団法人が設置するもの」が追加］を指すのである（第二条）。そして図書館は、その目的を達するために図書館専門職員を置き（第四条）、それらの活動を通じて、図書館奉仕（第三条）を行うのである。

図書館法は、一般の社会大衆を対象とする図書館——いわゆる無料の**公共図書館**（Free public

library）——の設置、および運営に関する必要な条項を定め、その健全な発達をはかり、もって国民の教育と文化に寄与するというのであるが（第一条）、対象に広狭の差があり、目的と機能とを異にし、維持の計画と方法とにちがいがあっても、なおひとしく図書館資料を利用することによって、地域社会に奉仕し、あるいは学問の研究に資し、技術の助長にあずかり、産業の振興開発に貢献し、広く教育・学術・文化に寄与するいろいろの図書館が、他にも少なからず存在するのである。

国立国会図書館は、国立国会図書館法（昭和二十三年法律第五号）により、図書館資料を蒐集し、国会議員の職務の執行に資し、かねて行政及び司法の各部門に対し、更に日本国民に対して、図書館奉仕を提供するを目的として設立されたものである（第二条）。**大学図書館**について言えば、大学は国立と公立と私立とを問わず、学術の中心機関として、広く知識を授けるとともに、深く専門の学芸を教授研究し、知的・道徳的および応用的能力を展開させることを目的とするものであるから（昭和二十二年法律第二十六号、学校教育法第五十二条［編集部註・平成二十八年学校教育法改正後は八十三条］）、その目的を実現するために、図書館を必要とすることはいうまでもない（昭和二十二年文部省令第十一号、学校教育法施行規則第一条、昭和二十四年法律第一五〇号、国立学校設置法第六条［編集部註・国立学校設置法は、平成十六年の国立大学法人法の施行に伴い廃止］）。学校図書館法（昭和二十八年法律第一八五号）はまた、**学校図書館**が、学校教育に欠くことのできない基礎的な設備であることから、学校教育に必要な図書館資料を収集整理して、これを児童又は生徒、および教員の利用に供することによって、学校の教育課程の展開に寄与し、同時に児童又は生徒の健全な教養を育成することを目的として、小・中・高等学校などに設けることを定めている（第二条）。

このほか、もろもろの図書館の種類をあげ、それぞれの目的なり機能について述べることは、本書の目的でもなく、またその範囲でもないから、これを省略し、つぎにそれを表示（第1表）するにとどめておく。ただ、しかしながら、およそこれらの図書館は、いずれも単独に、孤立して存在すべきものではなく、それぞれの立場において、それぞれの事情に応じて、互いに緊密に連絡し、提携し、協力すべきことを忘れてはならない。こうしてはじめておのおのの図書館は、それぞれの設立目的を通じて、わが国民の人格の完成と、平和的な国家および社会の建設と、文化の創造と発展とに、力づよく寄与するだいじな機関として期待されるのである。

図書の選択は、図書館の種類と、その設立目的とを基盤としてこれを行うのである。

C　図書館の構成要素

以上、述べたところにより、図書館は、近代の社会組織において、学校教育体系についで、社会的にも教育的にも、すぐれた役割をもつ組織単位であるということが明らかであろう。われわれは、わが地

図書館の種類――設立目的

国立・公立・私立

公開……準公開……非公開

- A 個人文庫 (家庭文庫)
- B 一般図書館
  - a 公共図書館
  - b 児童図書館
  - c 公民館
    - イ 支館
    - ロ 分館
    - ハ 停本・配本所
    - ニ 工場
    - ホ 巡回文庫
    - ヘ ブックモビル
- C 国民図書館 国立国会図書館
- D 学術図書館
  - a 大学
  - b 研究所 (大学院)
- E 専門図書館 (特別集書)
  - a 法律　b 医学　c 科学
  - d 技術　e 経済　f 文学
  - g 美術　h 音楽　i 宗教
- F 職能図書館
  - a 官庁図書館
  - b 商工会議所
  - c 経済研究所
  - d 地方議会図書館
  - e 労働研究所：等
  - f 新聞社調査部
  - g 銀行・会社調査室
- G 学校図書館
  - a 小学校(幼稚園)　b 中学校
  - c 高等学校　d 短期大学
  - e P.T.A. 文庫
- H 特殊図書館
  - a 盲人点字図書館
  - b 監獄行刑図書館
  - c 病院図書館：サナトリウム
  - d 少年院：矯正院

第 1 表

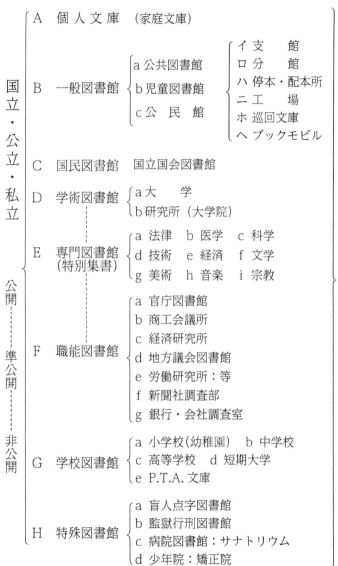

域社会にある学校の建物に得意を感じ、教育あり、経験の豊かな、訓練された教師にほこりをもつものである。われわれは学校組織のほかに、博物館・美術館・画廊・公園・音楽堂・劇場などの文化施設をもち、議会・裁判所・警察・行政官署・郵便局・上下水道・電車などの奉仕機関をもっている。もし地域社会が、これらの公共営造物（Public institutions）をもち、公共の奉仕機関として、その制度を運営しているとするならば、図書館もまた同じランクの重要性をもつ施設として、地域社会の維持経営するところとならなければならない。図書館は地域社会の人々にとって、郵便局以上に親しみのあるものであり、また容易に、かつ多方面に、利用できるものでなければならない。

図書館を構成する基本的要素として、三つのものを挙げることができる。（A）**図書館資料**、（B）**図書館専門職員**、（C）**図書館奉仕**がそれである。これらについては、すでに多少とも触れておいたが、なおここに若干の説明を加えておく。

1　図書館資料

およそ図書館資料をもたない図書館というものは、われわれの想像のほかにある。図書館資料はこれをわけて、（1）図書そのものにかぎる**図書資料**。（2）図書以外の資料（non-book material）で、**特殊資料**とよばれるもの。形の上では図書に類するけれども、図書館として取扱うばあいに、図書資料としないほうが便利であるもの。たとえばパンフレット（小冊子）、リーフレット（一枚もの）、クリッピング（切抜）、マイクロフィルム、マイクロカード、フォトシュタットで撮影したもの。新聞・雑誌などの定時刊行物も、これに入れることができる。（3）主として視覚、または聴覚に訴えて理解を助け、知識を与えるもの。地球儀・地図・海図・気象図・写真・絵ハガキ・掛図・ポスター・図表・標本・模型・出土品・参考品・美術品・フィルム・スライド・フィルムストリップ・紙芝居・レコード・楽譜などの**視聴覚資料**の三種とする。

もともと**文字**は、人間の発明した思想伝達の媒体としての**ことば**の符号であった。これを金石鼎鐘・木板竹簡・布帛獣皮にあるいは刻し、あるいは墨書することにより、瞬間的に発生し、瞬間的に消える**ことば**を、空間と時間とを越えて移動し保存することができるようになった。そして印刷術が発明され、その技術が精巧と速度とを加え、さらに紙が多量に生産され、たやすく供給されるに至って、われわれは今や、印刷物の洪水をもって、十重二十重に周囲をとりまかれているような状態である。他方ではまた、ラジオの普及により、あるいはテレビジョンを通じて、ひとりの人の音声や動作が、全世界に伝えられるようになったが、これを保存し複製しようとすれば、別のくふうが必要である。

図書の選択は、図書館資料についてこれを行うのが建前である。

2　図書館専門職員

過去の図書館は、しばしば学者のための道具であると考えられていた。従って伝統的図書館職員――司書――もまた、しばしば名誉ある学者であった。また図書館は、思索する人々のために存在していた。

従って、行動し、制作し、実践する男女のために図書館が奉仕するという計画は、ほとんど顧みられることなくして過ぎてきた。さらに、近代図書館の社会的奉仕とよばれる図書館活動――それはアメリカの公共図書館が、なし遂げた偉大な成果ともいうべきもの、身体的に精神的に、ハンディキャップをもつ人々、盲人・精神薄弱者・病人・犯罪者・外国生まれの移民などに対する図書館奉仕は、これまで何人も考え及ばなかったことがらであって、ごく最近の実践であり、発展であるといわれている。

著名なイギリスの図書館学者ブラウン（James Duff Brown）はいう、「他のすべての職業、自由業、あるいは学問の分野におけるすぐれた人々と同じように、よい、すぐれたライブラリアンは、生まれるものであって、作られるものではない。どれほど訓練を積み、経験を重ねたところで、図書館の仕事に必要な情熱や、独創力や、主導性や、積極的な天才といったような天賦の才能は、作り出されるものではない」と。しかもなお、ブラウンは控え目につけ加えていう。「とは言え、健全な方法による訓練は、生まれながらの性向に対して、ある程度これに代わるべきもの、あるいは補うべきものを、与えることの助けにはなるであろう」と。この文章の綴られたのは一九〇三年のことで、それが一九一九年九月には、イギリス最初の図書館学校がロンドンに設けられたほどに、保守的なイギリスの輿論《よろん》にも、大きな変化が起こってきたのである。医師・弁護士・学校の教師と同じように、図書館職員もまた、養成することができると考えられるようになった。

洪水のようにはんらんする幾千万の書物のうちから、その図書館に真に必要とする資料を選択し、これを注文し、これを受け入れ、分類して目録をつくり、さらに書架目録や索引をこしらえ、書架に図書を配列するまで、いわば書物を、読者の手に渡すまでの機械的な準備（mechanical preparation of a book）だけでも、図書館職員は、能率の高いエンジニアでなければならない。そのうえ読者のために、いろいろな書誌・書目を準備し、彼等の質問に応答し、読者と書物とを結びつけるくふうをしなければならない。さまざまの記録をつくり、種々の要求に耳をかたむけ、あとからあとからと起こってくる仕事を、技術的に、行政的に、事務的に、テキパキ片づけてゆくのが図書館職員である。ある人が、木の一端に書物を置き、他の一端にライブラリアンを置けば、そこに完全な図書館があるといったことは、誇張した表現であるにしても、味わうべきことばである。それほどに専門職員のいない図書館は、その名に値しない、無意味の存在である。

図書の選択は、図書館職員がこれを行うのである。

3　図書館奉仕

これまでの図書館は、設備や、技術や、管理の改善に重点を置き、カードの型や、机や椅子や、書架の合理的標準化に力をそそぎ、標準的な目録・分類法を中心課題としてきた。これらは、いずれも図書館のだいじなことがらにちがいないが、それらは、図書館奉仕活動の予備的前提条件をなすものであって、いわば図書館の**生理機能**である。その故に、図書館職員は、世間から図書館技術屋という、ありがたからぬ名称を奉られてきた。図書館技術の改善と向上にも、一定の限界があり、これによって図書館職員のもつ能力の真価が、発揮されるものでもなければ、図書館のあるべきすがたが、真実に反映するものともいえない。それは物と物との関係であり、物と人との関係であって、人と人との関係が忘れられている。

図書館は地域社会の人々のために存在し、それらの人々の支払う税金によって維持される施設である。図書館は、図書館資料を媒体として、図書館の読者という人間と、図書館の経営管理に当たる図書館職員という人間との、交渉・接触によって営まれる場である。かかる反省のもとに、図書館の維持と経営とが、すべて人間と人間との深い関係にもとづくものであることを再確認し、人間相互の理解と信頼によってかもし出される、人間的な心理、人間的な感情に対する認識を新たにして、図書館の奉仕活動が生まれたものというべきであろう。それが図書館の**生活機能**であり、これなくしては、図書館は死灰(deadwood)にとどまるであろう。温かい血の通った社会を築き上げることは、人間関係をのばしてゆくことによってのみ可能である。図書館の予算が少ないとか、人手が不足だとかいう前に、ギブ・アンド・テイクの原則によって、まず地域社会の人々を楽しませ、喜ばせ、彼等の要求を満足せしめるべきである。

定義づけということは、むつかしいばかりで、面白くないことであるが、すべて重要なものには定義が与えられ、その概念の意義・内容が示され、決定されなければならない。図書館奉仕とは、著者の考えによれば、図書館が地域社会の住民の信託により、かれらの福利と進歩と発達とを援助するために、かれらが必要とする図書館資料を、継続的に、規則正しく提供する知的・教育的・社会的活動であるといいたい。図書館が地域社会から支持されるためには、根本的には、まずその方針なり、その経営なりが、社会を益し、公衆から喜ばれるものでなければならない。そしてそれが広く一般に周知され、理解されてはじめて、図書館は社会の支持をうけることができる。図書館の経営は、どれだけ社会に奉仕し、どれだけ社会に貢献し、どれだけ社会的価値を発揮しているか、という反省の上に立たなければならぬ。

図書館がどの程度に、その地域社会――コミュニティー――の全奉仕地域（service area）にわたり、またその全住民に対して、奉仕したらよいかということは、住民の職業的集団グループの代表数と、現実に図書館を利用しているものの数とを比較すれば、[1] 図書館の奉仕拠点（service point）は、中央一

1　**神戸市産業大分類別就業者数及割合**　昭和二十五年十月一日調　単位千人　〇八五百人未満

農業	林業及狩猟業	漁業及水産業	鉱業	建設業	製造業	卸小売	金融保険不動産業	運輸通信公益事業	サービス業	公務	分類不能不詳
13	1	1	0	17	85	58	9	37	34	20	2
4・71	0・36	0・36	0	6・16	30・80	20・01	3・26	13・41	12・31	7・25	0・72

大阪市立図書館職業別閲覧統計

官公吏	教育宗教	銀行会社	工業	その他	雑	無職	学生	（内婦人）
2・56	1・45	4・94	1・07	0・02	0・01	9・92	78・69	（24・71）

箇所でよいか、それともいくつかの分館・支館・閲覧所の連鎖を必要とするかを、捕捉することができるであろう。しかし同時に、われわれは、現実の読者だけが、図書館のパトロンではないということを忘れてはならぬ。潜在的読者について、それが図書館利用の潜在的勢力であることに、いま一度思いをいたすべきである。

われわれはしばらく、図書館の内部で行われているもろもろの方法や手続きを忘れ、都市ならば、最も高いビルディングの屋上にのぼり、村落ならば、最も高い丘の上に立ってみようではないか。そこに目もはるかに、われわれの前に開かれた都市のすがたを、村落の様相を眺めることができる。それが、われわれの努力の対象となる、地域社会という豊かな土地なのである。そして、そこにある田圃や、住宅や、商店や、工場や、官庁に目を注ぎ、そこに働いている人々が何を考え、何を要求しているかを想像してみようではないか。それらの人々はすべて、図書館奉仕の機会を与えることのできるパトロンであり、図書館資料による奉仕を待ち望んでいる読書大衆なのである。われわれは図書を愛すると同じように、図書館の奉仕する地域社会の人々を愛しなければならない。しかも図書館奉仕は、断じて下僕的献身ではない。

図書の選択は、図書館奉仕を目標に、これを行うのである。

4　図書館の建物と図書館の経費

図書館を構成する本質的要素としては、以上あげた三つであるが、二次的にたいせつな要素として、

（D）**図書館の独立した建物**、あるいは他の営造物に附属した図書室と、（E）**図書館の経費**とを加えなければならない。

建物としての図書館あるいは図書室は、図書館資料を備え、保存して置く場所として、また地域社会に対する図書館奉仕の拠点として、実際の用途に役だつものでなければならない。図書館は学校とならんで、都市町村の知的中心であるから、その位置も自から、**地域社会の中心**にあるべきはいうまでもない。だからといって、図書館が地域社会の単なる装飾物に終わってはならない。

特別に図書館建築をするばあいには、経験のある専門技師の設計に待つべきことは、あらためて言うまでもないことではあるが、その建物を使用するのは、建築技師ではなく、そこに働く図書館職員であり、これを利用するのは、そこに出入する図書館のパトロンである読者なのである。働くものには便利であって、能率の高い場所であり、利用するものには、気もちのよい魅力をもった、知らず識らず引きつけられ、吸いつけられるような、美しい楽しい処でなければならない。鈍い黄色、または薄い緑の落ちついた壁に、十分な光線をとりいれ、換気も申し分なく、清潔で、防音装置のある、くつろいだ場所でなければならない。ことに特別な独立建物が不可能なばあい、あるいは、その必要の多くないとき、図書室の位置と配置とは、非常にだいじな要件として、経営の局に当たる図書館職員が、最も留意しなければならないことがらである。

図書館経費については、わが国では基準とするものがなく、地域社会の担税力によって区々まちまちであるが、アメリカの公共図書館では、一般に人口当たり一ドルを基準目標として、特別税で賄《まかな》っているところが多いと聞いている。一九二五年のＡＬＡの調査によると、公共図書館の総経費三七、〇九四、三〇三ドル、一人当たり三十二セントとなっている。その最高はカリフォルニアの一・〇八ドルで、最低はミシシッピー・アーカンソー両州の二セントで、州平均五十八セントとなっていた。しかもこれを公立学校費の一、五八〇、六七一、二九六ドル、高等教育費一二五、一一七、二四三ドルと比較して、いちじるしく低いことをあげて、これが市民の大学（people's university）とよばれ、Continuation school といわれる公共図書館の現状であると、少なからず不満をもらしている。

図書館経費は、その奉仕する地域社会の全人口によって、適正妥当に定めらるべきものではあるが、また分館・支館・閲覧所の有無多少によって制約されるほか、土地の広狭、文化の程度、産業の種類、大学その他高等教育機関の有無など、それぞれの地域社会の事情によって左右される。予算の款《かん》・項《こう》・目《もく》についても、雇傭人をふくめての職員の給料・図書・雑誌そのほかの図書館資料費・製本および消耗品費・光熱費・建物および器具の修理費、そのほか印刷費などがあろう。通信運搬費・電話料・上下水道費があり、ばあいによっては賃借料・保険料を計上しなければなるまい。およそ、それらは図書館職員の数と職種、開館日数と開館時間の長短等によるのである。

図書の選択は、図書館資料のために割りあてられた費額の多少によって、制約されることはいうまでもない。

つぎに兵庫県各市立図書館の図書館資料費（昭和二十七年度）を掲げる。

	人口（昭和二十五年十月一日調）	図書館資料費	人口一人当
神戸市	八〇四、七七三	一、二七〇、〇〇〇円	一・五七円
姫路市	二一二、一〇〇	一、九二七、三〇〇円	九・〇七円
西宮市	一二六、七八三	八一五、〇〇〇円	六・四〇円
芦屋市	四二、九五一	九三六、〇〇〇円	二四・一二円

I　図書選択の基本的要件

A　図書選択の必然性と重要性

図書の選択は、図書館資料について、図書館専門職員が、図書館奉仕を目標に行うものであることは、すでに述べたところである。図書館資料のうち視聴覚資料は、ごく最近に図書館の領域に加えられたものであって、今後の図書館奉仕活動に、大きな地歩を占めるものとは考えられるけれども、それは別個の研究にゆだね、便宜上、ここでは本書の範囲から省くこととし、主として図書にかぎり、なおこれと関連して特殊資料の一部にふれることとした。

インドの図書館学者ランガナタン[1]は、その著『図書館学の五法則』の第一法則として、「図書は利用するためのものである」(Books are for use) と説いている。しかし、だからといって、図書館の主要

1　S. R. Ranganathan: The Five Laws of Library Science. Madras, 1931.

な機能の一として、**図書の保存**が忘れられてよいわけではない。図書館は、過去の文化財である図書を保存して現在に至った。そして、さらに新しい出版物を収集して、これを後世に伝えるのである。いわば過去と未来とをつなぐ、文化的連鎖の一環という、役割をもつものである。そして図書館のもつ図書保存の機能は、学問の各分野における学者の仲介によって、間接に、社会に大きな影響を及ぼすことを、われわれの考えにいれなければならない。ある独創的才能をもった一人の学者が、ある図書館で、その必要とする資料を発見し、その資料が、他のどこにも見出されないものであったとして、その学者は、その資料により、輝やかしい学術的業績を成就し、社会に利益を与え、人類に進歩と幸福とをもたらしたとしたら、この資料を保存するために地域社会は、その図書館を税金で支持したことが、正当であったと感ずるであろう。あるいはむしろ、そのことに誇りを感ずるであろう。

第二に図書館は、新しい出版物を収集する。これらの出版物は、地域社会の人々の要求するものであり、あるいは地域社会の人々にとって最もよいものであり、もしくは両者を兼ねるものであって、図書館はそれらを図書館のパトロンたちに提供するのである。**図書の利用**は、第一の保存機能よりも、地域社会に直接的な影響を与える点で、公共図書館が多くの地域社会において、非専門的な出版物を普及し、かつこれを貸し出すことによって、情報を広く伝える唯一の伝播機関であるということができる。もちろんマス・コミュニケーションの方法としては、新聞・ラジオ・映画の勢力は非常に大きく、また講演会・討論会・文化講座・成人講座（社会教室または大人学級ともいう）などが、読書以外の情報や、レクリエーションを喜ぶ階級に寄与していることも多いが、インフォメーション・センターとしての図書館の地位は、だからといって容易に動揺するものではない。

われわれは、もし、それが可能であるならば、日となく夜となく、印刷機械から流れ出る一切の印刷物を、あらゆる種類の図書を、漏れなく図書館に備えつけ、これを保存したいと希望するものである。そして読者の要求があったときには、その要求を満足させるものを、いつでも提供することができれば、それが図書館の理想であるといえるであろう。

イウィンスキー（M. B. Iwinski）[2]は一九一一年『国際書誌学会会誌』(Institut International de Bibliographie: Bulletin, 16）に、キャクストンが最初に書物を印刷したときから、当時に至るまでの図書の生産につき、詳しい統計的研究を載せ、世界にはおよそ二、五〇〇万種のちがった書物（different books）があるというのである。しかもイウィンスキーは、ちがった種類の書物と、その計算を制限しているのであって、同じ書物のちがった版（editions）、重刷（reprints）、版種（issues）、また複本(copy）は、このうちにふくまれていない。

さらにこの計算のうちには、一時的なもの、偶然的なもの、生命の短いもの、例えば地図・海図・版画（prints）・宣伝文・楽譜・印画・一枚刷・新聞・年鑑などは除外してあるのであるから、もしこれ

2　Ranganathan: ibid., p. 279. Statistique internationale des imprimis.

らのものを計算にいれたならば、図書の種類だけでも、莫大な天文学的数字を示すことは明らかである。かりに、それが可能であるにしても、図書館の建物は、これらの日に月に出版される図書を、すべて収容する能力があるかどうかは、問うまでもない明白な問題である。かつまた、これら多くの図書の大部分は、代価を支払わなければ手に入れることができないとすれば、そのために果たして巨額の経費が支出できるものかどうかも、多言を要しないところであろう。そして、これらの汗牛充棟《かんぎゅうじゅうとう》・五車《ごしゃ》の書を蔵したからといって、それが図書館といえるかどうか。単なる印刷物の堆積は、故紙《こし》・瓦《が》れきの堆積と五十歩百歩であるであろう。これに対して、仮《か》りに数架の図書であっても、それが十分に選択され、無駄な重複がなく、組織的に整理されていて、一定の目的に奉仕する力をもっているならば、それが本当の図書館とよばるべきものであろう。

図書館は図書を選択すべきであり、図書は選択されなければならない。ここに図書選択の重要性があり、必然性がある。

B　蔵書構成の計画性

われわれは、世界にあるすべての図書を、一つの図書館に備えつけることはできないのである。したがって図書館の蔵書構成は、おのずから数と量とにおいて限定される。

どんな小さな家屋であっても、設計図なしに建築されないと同じように、図書館はどんな小規模のものであっても、その種類によって設立目的がちがい、一定の方針・計画にもとづいて経営されるものである。公共図書館と学校図書館と、専門・学術図書館と特殊図書館と、それぞれ理想と目的と計画がちがうのは、その図書館奉仕の対象となる地域社会が相違しているからである。したがって図書の選択は、漠然と、ゆきあたりばったりの偶然的なものではなく、計画性をもたなければならない。そのためには、現代社会の動向について、地域社会の実態について、また、それぞれの図書館の歴史的背景と現状とについて、正しい深い認識をもつことが、図書選択の前提となるのである。

まず**図書館設立の目的**に従って、**図書選択の方針**を決定し、それが誤りであると証明されるまでは、その方針を踏襲して、これと矛盾しないような線にそうて図書を選択し、これを続けてゆくのである。

明治三十九年、東京市立日比谷図書館では、東京市長尾崎行雄から、評議員として市会議員三名、市参事会員三名のほか、帝国図書館長・東京帝国大学附属図書館長・早稲田大学図書館長が委嘱をうけ、これら各評議員は、同年十一月十九日市役所に集合して打ち合わせたのち、さしあたり日比谷図書館に備え付ける図書選択の標準を、つぎのように定めたと伝えられている。[3]

3　明治三十九年十一月二十二日　時事新報

1 市民の日常生活に必須なる参考図書
2 読書の興味を涵養する図書
3 実業に関する図書
4 一般学生の自習に資すべき図書
5 東京市に関する図書
6 官公立学校及び公私団体の刊行書
7 内外市政に関する図書
8 家庭の読物として適当なる図書
9 学術技芸の研鑽に資すべき辞書及び百科全書類
10 内外の新聞雑誌を蒐集すること

つぎに神戸市立図書館昭和二十七年度の蔵書構成目標を掲げる。

神戸市立図書館昭和二十七年度蔵書構成目標

蔵書構成	本館 （27・3）	貸出文庫	24―26平均利用率	25―26出版率	構成目標
000	8・8	3・7	8・6	1・0	7
100	7・5	1・2	4・7	5・4	6
200	14・7	3・8	9・8	2・7	9

300	19.0	5.8	15.0	16.2	16
400	6.3	3.8	16.5	7.4	12
500	6.5	1.3	9.0	7.2	10
600	7.8	1.9	6.3	4.7	8
700	6.1	2.3	4.5	5.7	6
800	2.7	1.7	3.7	3.9	4
900	20.6	36.9	21.9	22.7	22
児童用書 学習参考書	5.6	37.6	13.3	9.8	15

図書館の蔵書は、（イ）購入、（ロ）寄贈、（ハ）寄託、（ニ）交換、（ホ）保管転換、（ヘ）造本などの過程を経て収集され、構成される。これらのうち、最も多量で、かつ最も重要なものは**購入図書**である。したがって図書の選択は、これに主力を注がなければならないことは、特にいうまでもないことである。図書館の図書費は公の費用であり、その費途には充分の注意を払い、慎重を期しなければならないのはむろんのことである。しかも多くのばあいに、図書費は適正でないほどに不足している事実を考えると、購入図書の選択には十全を期し、最も経済的・効果的でなければならない。しかし図書の選択は、ひとり購入図書にかぎらず、他のすべてのばあいにおいても、その選択をなおざりにしてはならない。

C　図書選択の種類と位置

図書館の図書の選択には、

（イ）図書館の蔵書を構成するために、図書を選択するばあいと、

（ロ）読者のために、その要求に応じて、図書館の蔵書のうちから、適当と思われる図書を選択するばあい

とがある。後者は図書の運用、ないしレファレンス・ワーク、あるいは読書指導とよばれるものの領域に属するものと考えられるので、本書では主として、図書館の蔵書構成における図書の選択——狭義の図書選択について考察することとする。そしてこのばあいでも

（1）図書館が新しく設立され、あるいは新しく分館が発足するとき、全体の蔵書が一方に偏することなく、普遍的網羅的であるように、留意しての図書の選択があり、

（2）すでにある図書館の蔵書に新鮮な血液を送り、アップ・トゥー・デイトな蔵書構成とし、常に生命力のみちあふれた図書館資料を維持するため、新しい図書をもって補充するための図書の選択

がある。

図書館のための図書の選択は、われわれのここでとりあげる主題の本筋であるが、しかし図書館は究極において、地域社会の読者への奉仕を目的とする知的・教育的・社会的機関である。図書館職員は、図書と読者とを結びつける仲介者であるから、賢明な図書の選択は、読者を度外視することのできないこともおのずから明らかである。

新しい図書は古い書物にかわり、新しい読者が、新しい要求をいだいて、図書館の門に集まってくる。そして読者は、その解決を求めている問題の解答を、図書その他の印刷された資料から得たいという希望をもって、図書館職員の助言と指導とを待ち望んでいる。図書館職員は、心理学者ではないのだから、読者の困難を感じている、いろいろな問題に深く立ちいって、これを解決することはできない。が、しかし個人的接触により、彼等が特別に必要とする問題の解決に、最もよいと思われる図書を指摘することができる。このような読書指導は、読者の**生活指導**であり、近代図書館が生活中心とよばれるゆえんである。

しかし現実に、問題の解決を求める読者のほかに、潜在的に読書の要求をもちながら、それを充分に表現することのできない読書大衆のあることを、われわれは忘れてはならない。これらの予想される図書館のパトロンのためにもまた、図書は選択されなければならない。マークィス（Eliza Marquess of New York Public Library）は、読書指導の立場から、図書の選択を定義していう――人々の要求している書物を彼等に提供し、要求することを知らない人々の前に、書物を提示する常行為（practice）である――と。潜在的要求をもつ読者に対する読書の動機づけは、**図書館の対外活動**の領域において論攷《ろんこう》されるべきものである。

どんな種類の図書館においても、図書は必ず選択しなければならないとすれば、図書の選択は、まず図書館のとりあげる最初の仕事であって、図書館の他の常務――実務(library routines)――に、先だつものである。すなわち図書館における**図書選択の位置**は、図書の注文・受入・分類・目録・配架・閲覧・貸出・弘報活動に先行するものである。

どのように図書館の図書分類が完全であろうとも、図書目録が完備しておろうとも、また図書館の組織や管理が、きわめて能率的に高く、水際だってあざやかに、徹底的に行われていたとしても、とどのつまり図書館の価値は、その蔵書の選択される方法にかかっているといわなければならない。図書館奉仕は、選択された蔵書の範囲から、脱け出ることは困難だからである。

しかしまた他面では、図書館の蔵書構成が貧弱であっても、もしその図書館の管理が行き届いているならば、そのほうが、精選された蔵書構成をもちながら、投げやりで、でたらめな図書館管理のもとに置かれてあるよりも、よりよいのではないかという議論もなりたちうる。これはたしかに、一面の真理を説いた意見であることに間《ま》ちがいはない。そして、でたらめな図書館管理が、すぐれた図書館の蔵書価値を、大はばに減殺していることも疑いないところである。しかし、どんなに行き届いた図書館管理であっても、それは一般読者にとっては、関心のうすい図書館内部のことがらである。読者に奉仕する

図書選択体系

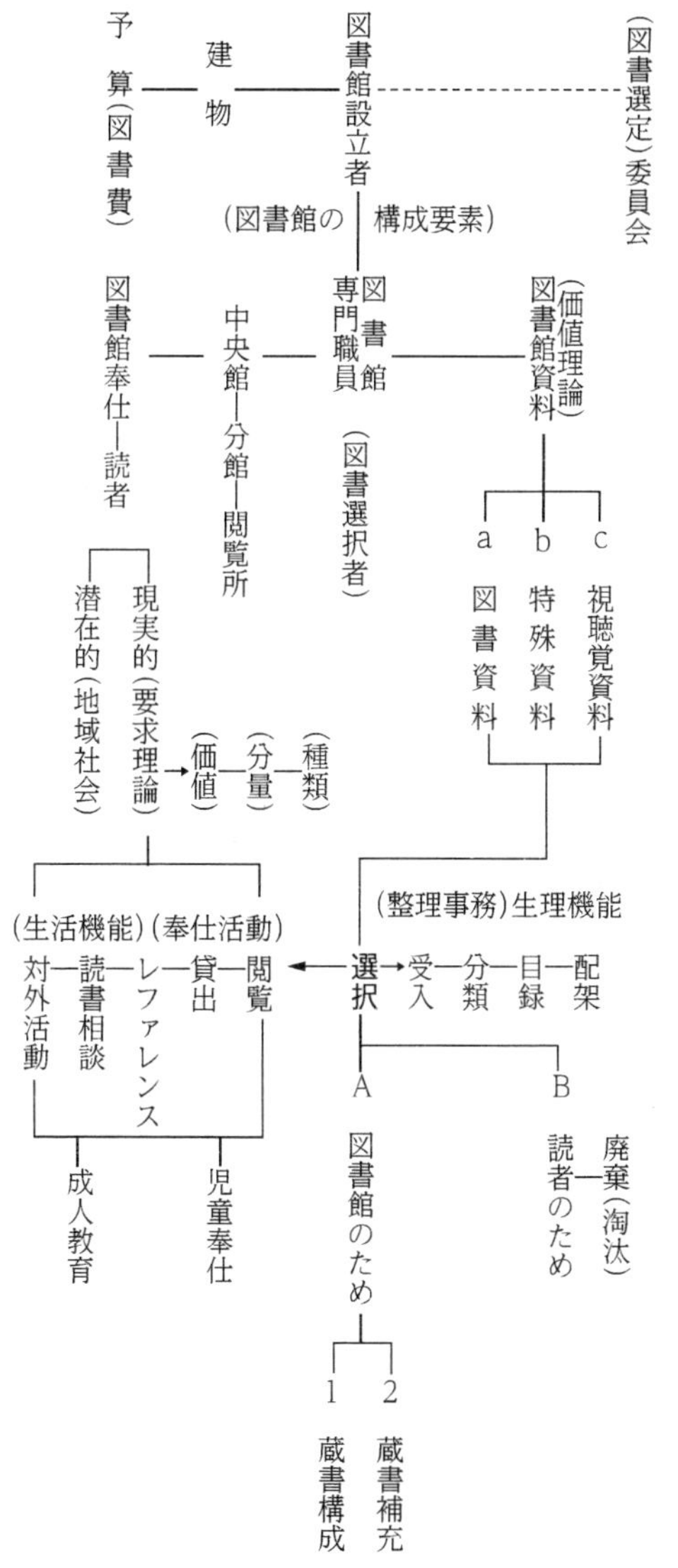
予算（図書費）
建物
図書館設立者
（図書選定）委員会
（図書館の構成要素）
図書館奉仕―読者
中央館―分館―閲覧所
図書館専門職員
（図書選択者）
（価値理論）図書館資料
a　b　c
図書資料
特殊資料
視聴覚資料
現実的（要求理論）
潜在的（地域社会）
（価値）―（分量）―（種類）
（整理事務）生理機能
選択→受入―分類―目録―配架
（生活機能）（奉仕活動）
対外活動―読書相談―レファレンス―貸出―閲覧
成人教育
児童奉仕
A
B
図書館のため
読者のため―廃棄（淘汰）
1　2
蔵書構成
蔵書補充

第２表

のは、図書なのである。宋の真宗皇帝は――書中、自《おのず》から千鐘《せんしゅう》の粟《ぞく》あり。書中、自から黄金の屋《おく》あり。書中、女あり、顔、玉のごとし――といっているが、書物が読者を楽しませ、豊かにし、うるおしてくれるのである。

ここにもまた、図書選択の重要性が示されてある。われわれは、われわれの能力の最善をつくし、われわれに与えられた機会の許すかぎりにおいて、図書選択の問題ととりくみ、これを研究し、これを討議し、これが経験をつまなければならない。こうすることによって、ひとり地域社会に対する図書館奉仕が、最大限度に発揮できる。すなわち図書選択の最もよい結果が、図書館の他の部門――例えば図書の運用や、レファレンス・ワークや、貸出文庫にも及び、これらの図書館活動が、ことごとく図書選択の基盤の上に立って、その効果と図書館運営の真髄《しんずい》と妙味《みょうみ》とが、発揮されるものと信ずるからである。

それにもかかわらず図書の選択については、一般に図書館職員のあいだに、適当な注意と考慮とが払われているかというに、遺憾《いかん》ながら、そこに疑問の余地がある。われわれは図書選択の問題を、一方的にのみ考えて――実際の方法論からばかり考えて、理論的方面の研究に関心がうすかったのではなかろうか。またわれわれは、一たん決定した図書選択の方針を墨守《ぼくしゅ》するのみで、これを検討し、反省し、これを修正し、あるいはこれに改訂を加えることを怠っているのではなかろうか。もしそうであったとしたら、そうさせるような原因が、どこかに存在していることを知らなければならない。

D　図書の選択は「法」か「方」か

図書の選択は、図書館の専門職員がこれを行うことは、すでに述べたところであるが、図書館に図書選択者（book selector）という職名をもつもの、あるいは職務分掌を与えられているものは稀であろう。図書館には目録主任（chief cataloger）とか、児童司書（children's librarian）とかを見出すことは困難ではないが、図書の選択者として、特別に選任せられたという事実を、あまり聞かない。それだからといって、図書の選択者は架空の人物であるのではない。このあたりに、図書選択の重要性がぼやけたり、ややもすれば忘れられようとする盲点があるのではないか。

図書の選択は、原理（principle）であるのか、実践（practice）であるのか。科学（science）であるのか、それとも技術（art）であるのか。「図書選択法」か「図書選択方」か。「法」は「のり、おきて、かた、模範」を意味するが、「方」は「みち、わざ、しかた、やりかた、術」をいうのである。図書の選択は、地域社会の一般読者の立場を考えて、彼等の要求を理解し、予想し、最後の決定に導くのである。その過程における検討と目的到達は、図書選択者自身の判断によらなければならないのであるが、ウィリヤムスはその補助として

（1）人的補助（personal aids）

をあげている。

（2）機械的補助（mechanical aids）

人的補助とは、図書選択者が、他の個人からうける助言をいうのであって、特に図書館内部における同僚の助言は、つとめてこれに耳を傾けなければならない。ある主題に関して、特別に研究をしている人、またはそれを専門としているものの助言は、喜んで聞かなければならない。児童図書に関して、児童司書の発言が重きをなすのはもちろんであるが、そのほか地域社会には、ある事がらについて、深い知識をもった信頼すべき人物が、学校教師のうちに、宗教家のうちに、行政官公吏のうちに、実業家のあいだに見出される。また趣味や道楽の達人も少なくないから、必要に応じて彼等の助言を仰ぐべきである。

機械的補助とは、書誌・書目・書評の類である。古典について、あるいは旧刊の図書についての解題書も少なくないし、図書館に備え付ける基本図書の目録もある。新刊の図書については、選定図書目録・推薦図書目録があり、新聞・雑誌に載せられる書評もまた、図書選択を補助する資料となる。図書選択者はすべてこれらを、自家薬籠中のものとして、その責任を充分に果さなければならない。

しかしこれらの書誌・書目は、その範囲において、おのずから限界がある。多くのばあいに一般的書誌は、特殊な読者の読書要求を満たしうる道具となるものではない。しかも図書館職員は、これらの読者の要求を満足させてやるように、図書を選択しなければならない。少なくとも書誌学者のなし得なかった欠陥を、満たしうるように処理し、読者のために必要な書誌をつくらなければならない。そしてこれらの書誌・書目は、いずれも図書選択の原理を応用して作られたものであり、図書館職員自身が、最後に決定しなければならないばあいにも、やはり書誌学者が拠りどころとしたでもあろう原理を、根拠とする以外には方法はない。またこの原理を明らかにすることによって、書誌学者の著作を批判し、評価することもできる。

しかし最後の目的は、図書を選択して、その収集を決定することである。従って図書館の図書選択は、「原理」であると同時に「実践」であり、「科学」であるとともに技術であり、「法」であるとともに「方」でもある。

E　図書の選択と図書館の民主性・中立性

図書館は文書中心から生活中心へ移り、図書は保存から利用へ変転し、少数特権階級の独占から、一般公衆への解放となった。すべての人が自由に、かつ平等な条件のもとに、いつでも、容易に、図書に接することができて、これを利用することにより、市民として当面する政治的・経済的・社会的・文化的問題を理解し、これらの問題に対して、建設的な批評的態度をとることができるように導くべきである。人間は誰でも、読書を通じて知識才能を増進し、これを有用な職業に活用することができる。また、勤労の権利とひとしく休息の権利をもち、余暇を利用して、個人の幸福と、社会の福祉を助長することができる。そこで図書館は積極的に、広く一般に読まれる、よい読みものを選択し、これを備えなければならない。

デモクラシイは人民のための、人民による、人民の政治である。民主化された図書館は、一般公衆のために、一般公衆の支持のもとに、彼等のものとならなければならない。しかも日本社会の封建性を容易に脱しきれないわが国の図書館が、依然として独善的官僚の泥靴にふみにじられ、動脈硬化した古手教員の安息所である気配が感ぜられるのは、まことに遺憾のきわみである。図書館職員は地域社会の住民の信託により、住民に代わって住民全体に奉仕するものである。決して一部に奉仕するものではない。もし図書館の奉仕活動が、地域的に孤立したものとすれば、地方図書館は、多くの便宜をもたず、地域社会の要求を充分に満たすことができないであろう。図書館相互の扶助・協力を強化し、図書に接する機会の不平等を打破し、孤島の灯台守も、水上生活者も、ひとしくその趣味を満足させ、その必要に適応する図書を手にするのでなければ、真に民主国家の図書館とはいわれない。

民主国家においては、思想および良心の自由と、信教の自由が保障され、何人もこれを侵すことはできない。また言論・出版その他一切表現の自由も保障され、検閲をすることは許されない。図書館は、一般公衆の支持による超党派的機関であり、図書館職員は、不偏不党、公正な態度でなければならない。図書館はプロパガンダの機関ではない。あらゆる意見が、そこに集積されていなければならない。マッコルヴィン（Lionel Roy McColvin）はこれを——図書館は意見をもってはならない。動機（motive意思）をもってはならない。政治をもってはならない。宗教をもってはならない。道徳をもってはならない[4]——といっているが、あらゆる階層の意見とインタレストとを代表する図書は、すべてこれを図書館に備えつけて、最も広い寛容の態度を示すべきをいったものであろう。

図書の選択は、一種の出版物の検閲ともいうべきものであろう。ただ、しかしながら、例えば文学書のばあいにおいては、それは高い文学的標準によってのみ選択が行われるものであることは、何人も異議のないこころである。『チャタレー夫人の恋人』を、図書館の公開書架に並べておくべきであるか、それとも、それは書庫にしまっておいて、成人にだけ、要求のあったばあいに読ませたらよいのか。あるいはまた、それは図書館には備えつけないで、街の貸本屋にまかせたらよいのか。問題は小さいかも知れない。しかし問題の図書を、図書館が回避したからといって、図書選択の最終決定の責任者である図書館長が、頑迷固陋で、反動的で、偏向的で、狭量だという非難は当たらないであろう。小説の問題は小さいものであるとしても、もし性教育とか、産児制限とか、非愛国的精神をもって書かれた歴史とか、容共思想をふくむ政策論とかとなると、問題は複雑となる。図書の選択に対して、街の検閲官的態度をとる個人なり集団なりが、図書館に監視の目を光らせていることを覚え、図書の選択者は堅い信念

4　Wilhelm Munthe: American Libraianship from a European Angle. Chicago, A.L.A., 1939. p.61.

と、強い説得力と、人をそらさぬ世才を身につけて、いつでも、彼等の攻勢に対応する用意がなければならない。

海のかなたのアメリカでは、図書検閲のマッカーシー旋風をまき起こし、進歩的知識階級は大恐慌をきたしているということである。アメリカが海外に設けている情報局図書館の蔵書のうちから、「好ましからざる書物」を追放する運動が開始され、すでに除去作業の指令が発せられて、幾冊かの書物は実際に焼かれたと言い、秦の始皇帝の焚書坑儒（ふんしょ・こうじゅ）が二十世紀に再演されたわけである。全体主義のナチ政権のもとでは、不思議でなかったにしても、民主主義のチャンピオンをもって任ずるアメリカでは、全くアメリカらしくないことである。全米の図書館人が、この反理知主義の風潮に抗議しているのも、もっともである。このような圧力が引きつづき図書館に、積極的に働きかけているということは、図書館に対する脅威であり、ひいては読書の自由が危くされるということでもある。

民主主義の原理は、多数の権利を承認するものである。人民の租税によって維持される図書館は、人民の多数が要求する図書を選択し、これを備えつけなければならないと主張するのである。図書選定委員会をつくって、地域社会の意思を反映させるのも、この主張のあらわれであるということができよう。しかしもし、図書館の蔵書構成が、いかに地域社会の多数が要求するとはいえ、「冒険小説」、「探偵小説」、「恋愛小説」、「空想小説」、「ユーモア小説」などという、価値の低い一時的な、生命の短い娯楽本によって、量的にも優位が占められているとしたら、知的・教育的・社会的施設としての図書館の価値が問われることであろう。それは民主主義のはきちがえであって、民衆の要求に媚び、これに屈伏したものである。それをもって図書館が、地域社会の多数に奉仕しているというのは、自己弁護の口実にすぎない。図書館における少数者の読書の自由が、このようにして奪われていることが、明らかに証明できるのではないか。

われわれはある程度の自由が、図書館を通しての読書に存するものと考える習慣をもっていた。そしてこの自由が侵されたばあいも、しばしば起こったことである。ひとり「好ましからざる書物」を追放するだけで満足しないで、宣伝文書をもって図書館の書架を充満させ、図書館とその活動とを、政治組織のもとに奴隷化したことも遠い過去ではない。これに似たような傾向が、伝統的民主主義国家にも現われて来たのではないかと、疑わしむるものがある。すなわち多数の権利――政治的にいえば過半数の原則が、政治の世界から次第に学問の世界、知識の世界、信仰の世界にちん入してくることである。多数が少数の読書を選択決定し、何を読むべし、何を読むべからずという決定権を、無意識にせよ掌握することである。このような計画に対し、図書館は決して協力してはならない。それは図書館の基本的理念と一致しないものである。

われわれは自由と権利とを尊重し、これを保持することにつとめるが、これを濫用することをしてはならない。われわれは、ことさらに多数に反抗する必要はないが、さればといって、シッポをふる必要もない。われわれは、知的自由のために起たなければならない。図書の世界における知的自由とは、読書の自由である。われわれは多数の権利を是認する。しかし同時に、少数の権利をも、尊重しなければならないことを、彼等に教えてやる必要がある。

Ⅱ　図書選択の要素

A　ALAのモットー

一八七六年（明治九年）、アメリカ図書館協会（American Library Association）が、アメリカの自由と独立の発祥地、フィラデルフィアで結成されたとき、十進分類法（Decimal Classification）の創始者デューイ（Melvil Dewey）は、この新しい団体のために、新しいモットーを選んだ。それは「最もよい読みものを、最も多くの人々に、最も少ない費用で」（The best reading for the largest number, at the least cost）というのである。標語というものは、一般に理想をうたったもので、本当は実行されていないが、実行してほしいと思うことを、ことばで現わしたものである。この年、アメリカ公共図書館の数は、約三〇〇にすぎなかったし、その経費も、わずか五十二万ドル程度であった。したがって図書館奉仕の範囲も、きわめて限られたもので、とりたてて語るに足るものでなかったであろうことは、図書館職員の養成機関すら存在しておらず、図書館職員の結社さえも、できていなかった事実でもわかる。

しかしこれらの開拓者たちは、そのフロンティア・スピリットを発揮して、たゆまずうまず、いばらの道を開いて、五十年ののちには、すばらしい成果を積みあげ、七十五年ののちには、かがやかしい業績を成就している。そしてこのモットーが、図書館の構成要素とほぼ一致して、図書館のあるべき姿を描き出しているといってよいが、同時に、これをそのまま直ちに、図書館のための図書選択の標語に置きかえることができると思う。図書館はその設立せられている地域社会の大衆のために、彼等が読むことを欲するであろう最もよい読みものを選び、個人としても、集団としても、座右に置くことのできない高価な書物でも、彼等に提供し、最も少ない費用で、その要求を満足せしめるのである。なおまた読者個人に対する図書選択としては、別にデューイが考え出した「適書を、適者に、適時に」(The right book for the right person at the right time) という標語が、読書指導の原理として存在している。

これらのモットーから、図書選択の要素を見出すことは困難でない。最もよい読みものといい、適書といっても、それは(1)**図書資料**の意味である、選択された価値の高い書物である。つぎに、最も多くの人々というのは、図書資料をもって図書館が奉仕する地域社会の人々、すなわち(2)**読者**である。人間は読む動物である。いろいろな動機から、読みたいと願っている。その要求を図書館は充たしてやらなければならない。さらに図書館は、最も少ない費用で、読者に提供する(3)**図書資源**(book resource)を求めなければならない。図書資源とは、図書資料を手に入れる淵源と方法とをいうのであって、それはひとり、図書館の図書費（book funds）のみを意味するだけでなく、広く郷土的・地方的・国家的図書資料の供給源をもふくみ、これらをもって読者の要求を満足させ、奉仕するものである。なお（4）**図書選択者**としての図書館職員を、この要素に加えなければならない。図書館職員の知識・教養・学問・訓練・経験と、個人的特性とが、図書の選択に影響を与える。そして終わりに、その選択が、（5）**時宜に適すること**（timeliness）である。どんなに良書であっても、それが久しく利用されず、書架に眠っていて、適当な読者を見出すことができなかったとしたら、その図書の選択は、高く評価されるわけにはいかないのである。

アメリカに発達した企業体の百貨店（デパートメント・ストア）は、その公衆性において、また経営方式において、公共図書館と多くの類似点をもっている。百貨店には、いろいろの商品がある。食糧品あり、調度品あり、衣類・家具はもちろん、腕時計・指環・写真機のようなぜい沢品から、チリ紙・箸・スプーンなどの日常品までそろっている。一般の図書館もまた、宗教・哲学・科学・歴史・伝記・教育など、あらゆる百科の学問にわたる図書が、普遍的に網羅されている。百貨店の商品は、殆んどすべてが例外なしに展示されていて、お客さんたちはこれを手にとって吟味し、気に入ったものを購入していくありさまは、開架方式に並べられた図書館の蔵書のうちから、読みたいと思う書物を、読者が借り出して家にもって帰り、これを読むのと余りちがいはない。

百貨店の商品は、仕入係（buyer）がこれを選択して、注文を発する。そのとき、参考資料として手にするメーカーの商品目録は、図書選択のばあいの書誌・書目、あるいは出版社の出版目録に該当するものであろう。商品は高価品ばかりでなく、しばしば価格の低いものも、ともに仕入れをするし、また百貨店の各部門にわたって、仕入れを担当するものがあるかも知れないが、玩具とか缶詰とか、それぞれ専門品をうけもつこともあろう。そうしたばあいに、専門的知識を応用するのはもちろんであるが、その品物が到着すれば、必ずこれを点検し、こわれもの、傷もの、半ばの品物は除かなければならない。図書の点検、乱丁落丁の発見と同様である。

さて商品は、それぞれの部門によって区分し、その品目・員数の表をつくるが、それは図書の分類・目録に相当するといえよう。そしてこれを店頭に並べ、ショウ・ウィンドウに展示するのは、ちょうど書架配列である。しかし、これで仕入係の責任が果たされたのではない。その商品がお客さんたちの嗜好に適し、趣味を満足させ、彼等の手に渡って、代価が支払われたのち、はじめて利潤が生ずるのである。仕入係の適否と、その才能と知慧とは、売上げの成功いかんによってのみ確認される。そして百貨店は、現実のお得意さんばかりでなく、潜在的顧客をも考えにいれて、商品を仕入れるのである。

図書の選択者もまた

(1)その図書館の所在する地域社会において、どんな主題の図書が要求されているかを知り、

(2)その主題に関して、どんな種類の書物が出版されているかということに通ずるとともに、

(3)そのうちどの書物が要求され、読まれ、利用されるであろうかと推定し、

（4）これに投ずる費用を考勘して、各種の図書を選択する。

このとき選択者の教養・経験・訓練が役立つことはむろんであるが、小規模の図書館のばあいでは、図書館全体の蔵書に対して、大図書館ならば、社会科学とか、美術部門とかの図書を選択することとなるのであろう。そして普通の公共図書館において、まったく読まれない書物、利用されない図書は、それがどんなに良書と見なされようと、地域社会にとっては、無用の長物といわれないにしても、役に立たない召使と大差はなかろう。賢い図書の選択は、現在あるいは将来において、その書物が読まれ、利用され、有用であることによって確認される。

B　図書についての知識

図書は、その性質によって、（1）インフォメーションの書物、すなわち知識や情報を提供し、事実を伝えるもの。（2）インスピレーションの書物、すなわち、われわれの思想・感情を高め、精神を昂揚し、元気を鼓舞するもの。（3）レクリエーションの書物。すなわち慰安娯楽を与えるもの、精神的エネルギーのはけ口を見出すもの、苦労を忘れるもの、また他人の経験に共感して、忘我の境に誘われるものに分けられる。あるいは図書の種類を（甲）インフォメーションの図書と、（乙）文学的価値のある図書とに区分し、または（A）知識を与える文献と、（B）力を与える文献とにわけ、さらに（い）

事実の記述と、（ろ）空想的記述とにわけるものもある。いずれにせよ、これらの区分は、絶対的かつ厳密なものではない。書物によっては、これらの二つあるいは三つの性質をふくむものがある。事実を伝える書物ではあるが、読んでゆくあいだに興味津々、いつしか我を忘れるものもあろう。面白さに引かれながらも、自から精神的興奮にかりたてられるものもあるであろう。

図書の選択者は、図書について、広い、深い、専門的知識をもつ必要がある。図書選択の秘訣というものが、もしあるとすれば、それは図書の選択と関連して発揮される、図書についての知識である。図書は図書選択の道具であり、また図書選択の成果でもある。図書の選択者は、まず、図書選択の補助となる書誌・書目・解題について知らなければならない。

佐村八郎　増訂国書解題　二冊　六合館　大正十五
女子学習院　女流著作解題　昭和十四
長沢規矩也　支那学入門書略解　文求堂　昭和六［註・昭和五］
柳田　泉　世界名著解題　三冊　春秋社　昭和十三～十五
桂　湖村　漢籍解題　明治書院　明治三十八
日本出版協会編　出版年鑑　昭和二十二～
現代出版文化人総覧　日本出版協会　昭和二十三

波多野賢一・彌吉光長　参考文献総覧　昭和九
河合栄治郎・木村健康　教養文献解説（増訂）　二冊　社会思想研究会出版部　昭和二十六
加田哲二　何を読むべきか（改訂）　慶應出版社　昭和二十三
新島　繁　社会科学文献解題　三冊　東峰書房　昭和二十四〜二十五
加藤玄智　神道書籍目録　昭和十三
小野玄妙　仏書解説大辞典　十二冊　大東出版社　昭和八〜十一
千代田　謙　史学名著解題　共立社　昭和六
高市慶雄　明治文献目録　日本評論社　昭和七
天野敬太郎　法政経済社会論文総覧　二冊　刀江書院　昭和二十三［註・昭和二〜三］
池辺義象　日本法制史書目解題　二冊　大鐙閣
大阪商大経済研究所　経済学文献大鑑　四冊　岩波
滝本誠一　日本経済典籍考　日本評論社　昭和三
本庄栄治郎　日本経済史文献・新文献・第三文献　三冊　日本評論社　昭和八〜二十八
大野史朗　農業文献目録　二冊　明文堂　昭和五〜

美術研究所　東洋美術文献目録　続篇共　二冊　昭和十六～二十三
東京帝国大学　国語学書目解題　弘文館　明治三十五
荒木伊兵衛　日本英語学書誌　創元社　昭和六
[註・関書院編輯部]　国学者著述一覧　関書院　昭和七
国文学研究資料　国民図書刊行会　昭和三
垣内松三・毛利昌　国文学書目集覧　明徳堂　昭和五
岡野他家夫　明治文学研究文献総覧　冨山房　昭和十九
福井久蔵　大日本歌書綜覧　三冊　不二書房　大正十五
山宮　允　明治大正詩書綜覧　二冊　啓成社　昭和七 [註・昭和九]
物集高見　群書索引　三冊　大正十二

桑原武夫　文学入門（岩波新書）　昭和二十五
ヘルマン・ヘッセ　高橋健二訳　世界文学をどう読むか（新潮文庫）
中野好夫　文学の常識（要選書）
亀井勝一郎　文学の読み方（学生教養新書）　至文堂
麻生磯次、等　大学生の読書　山根書店　昭和二十五

石三次郎、等　高校生の読書　山根書店　昭和二十五〔註・昭和二十六〕
石三次郎、等　中学生の読書　山根書店　昭和二十六
大河内一男・清水幾太郎　学生と読書　日本評論社　昭和二十五
宮下正美　児童読物の選び方　慶應出版社　昭和二十四〔註・昭和十四〕

出版ニュース　日本読書新聞
図書新聞　日本古書通信

これらの図書および定期刊行物は、すでに過去において出版された図書、現に出版されつつあるものについて、多くの知識を与えてくれる。図書館職員は、つねにこれらについて研究を積み、これを評価し、指導と援助とをうけなければならない。これらを参考資料として、賢い図書の選択につとめなければならない。

つぎに図書の選択者は、図書それ自身について知らなければならない。多方面の図書を知るということは、図書館職員の一生の事業であるといっても過言ではあるまい。図書についての知識は、実際に際限がない。どんなに準備的学習課程をもったところで、それで十分だとはいえないし、広過ぎて困るというわけでもない。どうしてそんなに図書についての知識をもっているかと、練達の士といわれる図書

館職員に質問してみても、それに満足できるような説明は与えられないであろう。網にはいってきた魚を、すべて獲物としただけである。ふだんの努力と、うまざる研究の結果である。与えられた機会を利用し、能力の許す可能な範囲で、とり入れたためである。だから図書館職員は、図書の知識については、新本についても古書についても、常にその道の初心者であり、見習生であるという、謙虚な態度と、どこまでも研究しようという、決心とが必要であり、慢心は禁物であって、夜郎自大《やろうじだい》は避けなければならない。

図書に精通することは、その図書の取扱っている範囲、その性質、その価値を、それぞれの関係において知ることである。図書に精通することはまた、ある一冊の図書について、それを批評的立場から、その内容ならびに物理的構成——装釘《そうてい》・製本・紙質・印刷などから、また地図・図版・索引など書誌的資料の有無などから、その図書を評価し、適当な判断を下すことができるようにもなる。その結果、図書の選択者は、その図書館で読まれ利用される、最もよい読みものを識別し、その選択を決定することができる。図書の選択は、特定の図書館のための図書選択であり、同時にその図書を利用する、特定の読者のための図書選択であって、図書館長のための図書の選択でもなければ、書架を充たすための図書選択であってはならない。図書館にくるお客さんたちの正当な要求を満たす、最もよい読みものでなければならない。図書の選択は、賞讃の的となることが理想ではなく、図書館奉仕のための実務である。

図書館の図書資料は、これを段階的に考えるのが便利であろう。第一群の図書は、基本図書（basic

books）とよばれ、すべての地域社会に、例外なしに必要とするものであって、一般の人々の関心をもつ題目についての図書であり、蔵書構成の中核（core materials）をなすものである。百科事典をはじめ、その他の事典・辞書・年鑑・年表・図鑑・地図（maps）・地図帖（atlas）・統計・地名辞書および人名辞書などがそれである。そのほか、標準となる概論的系統的著述、世界的文学の名作集、世界的美術品の複製書など、スタンダード・ワークとよばれるものを挙げることができる。第二群の図書は、一般の地域社会では、必要とするものではないが、郷土的・地方的には、これを図書館に備え付けることが正当と認められるものである。郷土資料・地方行政資料はもとより、その地域社会の政治的・経済的・社会的・文化的要求から必要とする資料である。第三群の図書は、その性質からいえば、学問的とか研究的とはいわれないが、比較的少数の図書館利用者が要求する、専門的・特殊的のものである。すなわち、個人の趣味（hobbies）からくる将棋・釣り・素人写真・郵便切手の収集などに関する図書。個人的問題、あるいは個人的要求から生ずる土地・家屋・税金などに関する図書をふくんでいる。

地域社会の人々が関心をもつ問題は、無制限である。しかしそれはある主題に関して、何ものか（something）を知ろうとするのであって、その問題について、一切（everything）を知ろうとする要求をもつものとは限らない。そしてその要求が、筋道のとおった正当なものであり、それが図書館の設立目的の範囲内であるかぎり、図書館は、人間の進歩発達を目的として、人間が努力するのに価する要求を養い育てていこうとする、あらゆる人間の活動を拒むことはできない。それらの要求は、これを図書資料をもって充足させてやらなければならない。しかし、だからといって、郷土的小図書館が、それらの資料を常備していない故をもって、肩身のせまい思いをする必要はない。それらの資料は、地方的図書館群のうちから、その提供をうけてよいことであるし、それでも不足する分は、国立図書館が、その責任をわかつべきである。どんな種類の図書館でも、図書館モンロー主義は断じて排斥すべきであって、無駄を少なくするためにも、国内的に図書館相互の協力体制を樹立することが、当面の緊要な課題なのである。

C　読者に対する理解

「図書は万人のために存する」(Books are for all) と、ランガナタンはいっている。[1] すべての人々に、図書資料をもって奉仕することが、図書館の根本的理想であり、かつ本質的な目的である。常時図書館に来て、現実に図書を利用している人、稀にしか図書館に来ない人、図書館の存在に関心がうすく、自分たちの生活とは縁の遠いもの、特定の人の行くところぐらいにしか考えないで、全く利用しない人がある。図書の選択は、すべてこれらの人々を対象として、行われなければならない。現実の読者ばかり

1　Ranganathan: ibid., The Second Law.

でなく、潜在的読者をもまた、図書館のパトロンと考えるべきである。百貨店は、その店に来る人たちだけが、お客さんであると考えてはならないように、図書館もまた、地域社会の全体に奉仕することを忘れてはならない。だからこそ、図書館の対外活動が必要であり、ＰＲ運動に力を注ぐのである。

われわれは「知りたい」という欲望をもっている。また「知らせたい」という欲望をももっている。人間は物を知りたいと思って、一日もやすむところがない。知られる限りを知りたいと願っている。この知識欲があってこそ、人間は進歩してゆくのであり、またこの知識欲を満足させるために、新聞・雑誌はもとより、ラジオ・映画などのマス・コミュニケーションが発達してきたのである。知識欲は人間の本能であって、これを拒むこともできなければ、これを根絶することもできるものでもない。

近代の心理学は、人間の本能を、（1）生命保存の本能、（2）種族保存の本能、（3）所有本能、（4）知識本能にわけている。そして本能生活の段階が進み、本能生活の合理化が行われるようになると、いわゆる文化生活の向上へと進むのである。人間が家族生活をいとなみ、国家社会を建設し、経済制度をつくり、教育機関を設けるのも、人類が共同生活の理想にふさわしい生活過程に、必要な自己活動の結果としてつくりあげた組織である。

知識本能は、文字を知るに至って、「読みたい」という欲望を生ずるようになった。お話を聞くのに夢中であったこどもが、自分で絵本をむさぼり読むようになる。人間は何の必要があって、読書をするのか。人間は読むというはたらきによって、自己の生活環境をつくってゆくのである。職業的必要から、専門的・技術的図書を要求するのであろう。社会的必要から、政治や経済の図書、時事問題の図書やベスト・セラーズを要求するのであろう。内部的・精神的必要から、性格形成の図書や、慰安娯楽の図書を要求しているのであろう。もし図書館に来る読者が、同種同質の民衆（homogeneous public）であるならば、そのすべての人々に適当した、蔵書構成をすることは、望めないでもない。彼等に適当しないという書物は、一冊もないはずであるから。

ところが図書館にくる読者は、その精神能力において、あらゆる段階を網羅しており、その以前にうけた教育の程度も、区々まちまちであり、思索の方法においても差があり、趣味嗜好の広狭においても、また理想の高下においても、めいめいが同じでないのである。したがって、もし彼等のすべてに満足を与え、役立つことを考えるならば、どれほど多くの図書を備えても、その一部分だけが、一部の読者の要求に適合して、利益を与えるけれども、他の読者にとっては役に立たず、時としては彼等に、失望を感ぜしめることがないでもない。これは図書館の避けることのできない、本質的な困難である。われわれの読者のうちには、思想的に大胆で勇気のあるもの、精神的弾力性をもつもの、高雅な趣味を抱くものがあると同時に、知力の乏しいもの、趣味の貧しいものが、ともに存在している。図書の選択は、これらの人々が読むであろう最もよい書物を目標とするのであって、現在彼等が読む最もよい書物に限るのではない。人間は進歩し、発展し、向上し、自己を改善してゆくのである。

図書の選択者は、図書を利用する読書大衆に関して、同情的理解をもたなければならない。そうすることによって、はじめて彼等の要求を洞察し、絶えずこれを感知することができる。彼等の要求を知るには、図書館のパトロンを研究し、彼等が何を考え、何を求め、何を好み、何を読んでいるかを知らなければならない。(1)**個人的接触**により、(2)**地域社会の調査**により、(3)図書館における**各種記録の解釈**を通じて、常に地域社会の読者の脈搏《みゃくはく》にふれることができる。読者の要求は、これを創造することもできなければ、これを他に転向させることもできない。まして況んや、これを消滅させることのできるものではない。読者の要求は常に存在する。この要求に適応合致させるのが、図書館の機能の一つである。

読書大衆を理解することは、図書館職員のだいじな素質の一つである。太郎と花子とのちがいを知ることは、ニュートンとアインシュタインの相違を知るほどに、たやすいことではないかも知れない。しかしこれを知ろうと努力することが、読書大衆の趣味・嗜好・傾向を知り、彼等の欲望と必要とを認識する手がかりとなって、これを現実の図書選択に反映させることができるのである。人間を好まない図書館職員は、その資格を欠くものといわなければならないが、図書の選択者は、読書大衆の要求を検討し、その(1)**価値**、(2)**分量**および、(3)**種類**を評価し、これを図書館の図書資源と対照して、図書の選択を決定しなければならない。

D　図書資源について

それぞれの地域社会において、それぞれの図書館が単独に孤立して、図書館奉仕を十分満足に行うことの困難であることは、すでに述べたとおりである。だから『図書館法』第三条五項［編集部註・四項］には「他の図書館、国立国会図書館、地方公共団体の議会に附置する図書室[2]、及び学校に附属する図書館または図書室（著者註＝大学の附属図書館をふくむ）と緊密に連絡し、協力し、図書館資料の相互貸借をなすこと」と述べている。図書館が図書館奉仕を十分かつ円満に行うために、一方にこのような要望があるにもかかわらず、現実においてわが国の図書館は、図書館相互の緊密な連絡も協力もきわめて乏しく、せっかくの法規も、一種の口頭禅に終わっているのではないかと思われる。例えば児童図書館（公共図書館の児童室）と学校図書館との連絡・提携のごとき、なお未だしの感があることは、衆人のひとしく認めるところであろう。両者当局の協議会すら、成立していないところが多いのではないか。

図書館資料の相互貸借（inter-library loan）に至っては、一部の大学図書館のあいだには、多少な

2　地方議会図書室に関しては、竹林熊彦編『特殊図書館』P・17参照。

りとも組織的に行われているとは信ずるが、[3]それでもなお、著者の経験によると、その図書館の内部事情により、徹底的に行われず――多くのばあいにそのエゴイズムから――とかく貸し渋り、手数をいとうて、奉仕の精神に欠くるところが無いでもなかった。もともと図書館資料の相互貸借は、国家全体に対する奉仕である。どんなに小規模な図書館であっても、そのもっている独自の資料――郷土資料――をもって国民全体に奉仕することができる。しかもそれは、飽くまでも相互貸借であって、大図書館の小図書館に対する恩恵を意味するのでもなく、お慈悲を垂れるというのでもない。図書の収集に関する図書館の協同工作のためであり、図書の選択に関する協同作業にほかならぬ。国立国会図書館の印刷カード目録は、図書の整理および利用に関する図書館の協同工作として、図書目録の協同作業であるのと同じ意味である。

しかし図書資料の相互貸借は、相当に面倒な問題をふくむものと覚悟しなければならない。まず（1）同種図書館相互のあいだにおいては、

（a）同種の学校図書館、

3　昭和四年帝国大学附属図書館協議会「図書相互貸借ニ関スル申合」1．帝国大学附属図書館相互ノ間ニ於テ図書ノ相互貸借ヲナス。2．期間ハ現品発送ノ日ヨリ返戻到着ノ日マデ三週間ヲ限リトス、但シ貸借相互ノ館ノ協定ニヨリ倍期限（六週間）トナスコトヲ得。3．同時ニ貸出シ得ル図書ハ三部三冊以内トシ、尚ホ和漢装書ハ三部九冊以内トス、但シ当該館ノ規程ト抵触スル場合ハ此ノ限リニアラズ。4．図書ノ貸借ニ代フルニ謄写又ハ複写ヲ以テスルコトヲ得。5．費用ハ借受館ノ負担トス。6．手続（略）。

（b）同種の公共図書館、

（c）大学図書館または学術図書館、国立図書館、専門参考図書館、都道府県中央図書館の相互貸借は、もし相互にこれを欲するならば、わり合に円滑に運ぶことができるであろう。また（2）同種図書館に準ずる図書館、すなわち

（d）国立図書館と都道府県中央図書館の小規模なもの、および

（e）都道府県中央図書館と管内市立図書館

との相互に、特別の契約もしくは紳士協定――申し合わせによって、図書資料の相互貸借を行うことは、比較的に容易であるかも知れない。しかし（3）異種の図書館のばあい、例えば

（f）大学図書館と小・中・高等学校の図書館

（g）都道府県中央図書館と町村図書館

（h）市立図書館と町村図書館（分館をふくむ）

との相互貸借は、時として困難をみることであろう。図書の相互貸借は巡回文庫ではない。図書館はそれぞれ、その所在する地域社会の読者を第一義の対象として、彼等の要求を満足せしめるために設けられた施設である。したがって、その図書館の蔵書以外に、余りに多くの図書資料を他の図書館の資源に仰ぐとすれば、その図書館の存在価値が疑われることにもなる。また小規模の図書館だからといって、他の図書館に図書の貸与を強要する権利もない。都道府県の中央図書館なり、大きな学校図書館が、そ

の余力を割いて小図書館を援助することは、甚だ望ましいことではあるが、それとこれとは別である。どんな図書館でも、その図書館の読者を犠牲にしてまでも、他の図書館の読者に便宜を与える義務があるわけはない。

つぎに図書資料の相互貸借は、無条件に、ただ読者の要求・希望に応じてこれを企画すると、取りかえしのつかない混雑と弊害とを生ずることがある。アメリカの議院図書館規程では、「真摯な**学術研究者の用途**に供するため、ある種の図書を他の図書館に貸与する。その理論的根拠は、地方（郷土local）図書館の資力ないし責務の範囲では、とうてい企て及ぶことのできない学術研究のために特殊の奉仕をするのである。その目的は知識の領域を広めるために、他では容易に手に入れることのできない特殊図書（unsual books）を貸し与え、もって学術の研究を助けるのである」と定めている。すなわち図書の貸与は、学術研究を助けることに制限し、ただ図書の請求者（applicant）の便益以外に、別の理由があることを必要としているのである。だから、その図書館で当然備えつけて置くべき図書、地方の中央図書館から借用できる図書、価格が高くなくて容易に手に入れることのできる図書、一般読者の利用する図書、教科書・自習書の類は、たとえできても、米国議院図書館では一切貸出をしない方針である。図書の資源を他の図書館に仰ぐばあい、相手の図書館の事情をよく理解し、図書館相互の資料の貸借は、道徳的背景をもつ協力事業であることに注意すべきである。だが、著者は、わが国の現状としては、前記の学術研究の範囲を広義に解釈し、つとめて寛大に自由であることが望ましいのではないかと考えている。[4]

図書の選択者は、図書資源については技術的知識をもたなければならない。まず第一は図書である。

（a）図書館はどんな書物を、どれだけ現在もっているか。

（b）どんな種類の書物を、どれだけ他から借りることができるか。

つぎは金である。

（c）図書費の予算はどれほどあるか。

（d）他からの補助金・寄附金が、どれだけ得られる見込があるか。

最後に人である。

（e）図書館職員のうちから、また地域社会の人々のうちから、図書の選択に関して、どれだけの助言と協力とをうる人がいるか。

を知ることである。

図書選択者は、あらゆる可能な方法を講じて、図書館の予算を維持継続し、現在の図書資源を最大限度に利用することにより、現在の図書群の上に更に有力な図書資料を追加することができる。またあらゆる知識の後援者を動かして、いろいろな主題の正当な発展をはかり、新しい図書館の活動分野を開い

4　竹林熊彦　図書ノ相互貸借襍考　図書館研究　Ⅵ―2、P・155　f・一九三三（昭和八年）

てゆくこともできる。

以上述べた図書選択の三つの要素——図書の性質、読書大衆の性格、利用できる図書資源の範囲——が、図書館奉仕のあらゆる部門に共通して存在するのである。そのうちのどの一つに変化を生じても、直ちにそれが他に影響を及ぼすのである。これら三つの相互関係が、図書選択の根本的原動力というものである。

Ⅲ　図書選択の組織

A　図書選択の権威と教育委員会

図書館の図書選択者が、図書についての知識をもち、その地域社会の要求に即応して、図書館の利用できる図書資源を考え、実際に図書の選択をするばあいに、図書選択の組織と方法とが、図書館の種類により、また図書館の大きさとによって、全くちがっていることを知るのである。そこで、ここには便宜上、公共図書館と学校図書館とを一群として、この問題を研究することとした。

あらゆる種類の図書館について、図書の選択を、組織として研究し観察してみると、図書選択の最終の権威は、常に図書館の財源と結びついていることを見出すのである。それは一般に、図書館が民主化されて、地域社会の実情に即した方針・計画を樹て、自主的な運営方法を講ずることが期待されるばあいに、これら両者の関係は、常に緊密に提携しているからである。しかし実際には、図書選択の最後的権威が――すなわち図書館を支持し、その経費を負担する納税者の意思が、選択される個々の図書に働きかけているのではない。そこで、図書選択の権威は、どのように代表されているかを跡づけてくると、いずれのばあいにも、その直接の責任をとる図書選択者に到達するのである。

教育委員会は、教育行政の民主化をはかり、数百の地方分権をねらいとした社会制度である。そして教育の自主性を確保することにより、一貫した教育の安定性を要求することが、その基本的理念である。教育委員会は教育、学術および文化に関する事務（教育事務）を管理し、かつ施行する権限をもっている（昭和二十三年法律第百七十号、教育委員会法第四条〔編集部註・昭和三十一年、地方教育行政法の施行に伴い、教育委員会法は廃止〕）。そして図書館は社会教育の機関である（昭和二十四年法律第二百七号、社会教育法第九条）。上記の教育委員会の権限に関する包括的規定に対し、具体的内容を示したものが、教育委員会法第四十九条〔編集部註・現在、以下の内容は地行法第二十一条に引き継がれた〕の規定である。つぎに図書館と関連した項目だけを抄録する。

第四十九条（教育委員会の事務）教育委員会は、第四条に定める権限を行使するために左に掲げる事務を行う。

1　学校その他の教育機関の設置、管理及び廃止に関すること。

2　学校その他の教育機関の用に供し、又は用に供するものと決定した財産（教育財産をいう以下同じ。）の取得、管理及び処分に関すること。

5　教育委員会及び学校その他の教育機関の職員の任免その他の人事に関すること。
6　学校その他の教育機関の敷地の設定及び変更、並びに校舎その他建物の営繕、保全の計画及びその実施に関すること。
7　教具その他の設備に関すること。

さきに述べたように、図書館法は、地方公共団体に図書館設置の権限を認めている。そして教育委員会法は、教育委員会が地方の教育行政機関として、公共の営造物であるという建前で図書館を、主として公用面から、その設置・管理・廃止などの処分権をもつことを規定し、同時に、公共用財産の面から、教育財産の取得・管理・処分についても規定している。**図書館を管理**するには、**人的要素と物的要素**とが共に必要である。教育委員会は、図書館に館長・司書・司書補その他の職員を置き、図書館設置の目的に従い、図書館資料の所有権を取得し、これを維持保存し、また使用し、利用する行政運営をつかさどり、さらに図書館資料の現状または本質を変更し、あるいはこれに物権的変動を生ぜしめる処分を行うのである。なお第六項の再説規程として、図書館敷地の設定および変更、新築・改築・増築・移築・修理・修繕をふくめ、災害予防に対しても、また営造物内部の物的設備に関しても、教育委員会が法的に、権限と責任とをもっていることを規定しているのである。

教育委員会は、日本国民である地方公共団体の住民が、公職選挙法の定めるところにより、直接に選挙した教育委員と、住民の代表者として、当該地方公共団体の議員とした［として］選挙せられたもののうちから、議会が選出した教育委員とによって構成されている（教育委員会法、第七条［昭和31年の同法廃止後は、地方教育行政の組織及び運営に関する法律（地方教育行政法）により直接公選制は廃止され、任命制となった。任命制度については地方教育行政法第四条参照］）。このように教育委員を、当該地方公共団体の住民の一般直接公選としているのは、住民の教育的関心を昂揚し、地域社会の実情を教育政策・教育方針、ないし教育計画に反映せしめるためである。教育委員会は、地域社会の住民によって**信託された権威**により、住民の要求する図書を図書館に備え、住民に対して図書館奉仕をする義務を負うているのである。すなわち地域社会に属するすべての人々に、その要求する適当な図書を提供する義務を負うているのである。ただ図書館の建物なり、その財源なりが制限されているため、人々の欲する図書をすべて購入することができない。そこで最も必要な図書館資料について、これを選択し、取得しなければならない。ここに図書選択の必要があるわけである。

教育委員会の権限に属する図書館の教育財産、すなわち図書館費は、その財源が何であろうと、三つの主な項目にわけることができる。（1）図書費、（2）人件費、（3）維持営繕費である。この範囲はいろいろあって、その比率もまちまちであるが、大体において公共図書館の図書費は、20％ないし30％、平均して25％が適当と見てよいのではないか。従って図書費の処分に関する教育委員会の最後的責任は、免がれることのできないものである。教育委員会は図書館費を管理し、その処分の方法を指導するわけである。図書費についても、教育委員会の監督のもとにあることは、人件費と維持営繕費のばあいと同様である。だから良心的な教育委員会が、図書館の購入図書に関心をもつのは、当然の結論であり、よき教育委員会をもつことは、図書館にとって無形の財産というべきであろう。

それならば教育委員会は、どのようにして図書の選択に関し、最もよい方法を講ずるであろうか。教育委員会は、個々の図書に注意を払うべきであるか。それとも図書選択の原則と方針とを決定し、これによって図書館長を指導すべきであるか。おそらく図書館長が実際に図書を選択し、読者の利用を指導していることであろう。もともと教育委員は、教育に関して専門的の深い知識や、経験をもったものであることを必要としない。むしろ市民として、日常生活の経験から、広い視野にもとづく教育的関心が期待されるのである。しかし図書館長のもつ図書選択と読者指導の機能は、教育委員会の管理――指揮・監督・指導――のもとに置かれていることを忘れてはならぬ。そして、どんな図書が図書館に追加補充され、それがどんなに運用されているかを知ることは、教育委員会がその責任を知性的に行使するために、教育行政の重要な一項目として、十分に考慮しなければならない課題なのである。

B　図書（選定）委員会

アメリカの公共図書館は、少数の例外を除いて、図書館委員会（The Library Trustee）の管理に属している。これはアメリカ図書館の歴史的伝統に、深く根ざすものであるが、図書館職員を不当な政治的圧迫から保護するためでもある。また図書館の政策・方針・計画に、連続性と統一性とを確保し、地域社会の意向を図書館に反映させ、さらに図書館の実情を地域社会に解説し、友好的・善意的批判を通じて、地域社会の図書館に対する関心を深め、図書館の設立目的の達成を援助するにある。もとより図書館委員会については、反対の意見がないでもないが、ここではしばらく論外として、図書の選択と、図書館委員会との関係を考察してみることとする。なおアメリカの図書館委員会の立場と、わが教育委員会のそれとを対比し、図書の選択を中心に、その相互関係を検討することも、読者にとっては興味のあることがらであろう。

ウィリアムズが、図書選択の原則として、**図書館所在地の大きさ**（size of locality）をあげているとおり、町村の小規模な図書館と、メトロポリタン的大都市の図書館とでは、図書選択の原則にも、またその方法にも相違のあるのは、わかりきったことである。町村の小図書館、ないしは出発当初の小規模の図書館では、図書館委員会のメンバーが、すべて個々の図書を検討し、これを評価することができる。図書を選択する能力をもち、時間的に余裕のある図書館委員会は、地域社会に立派な蔵書構成をもつ図書館をつくり上げる可能性をもっている。このことは、わが国の町村教育委員会のばあいにおいても同様である。

しかし、アメリカでは図書館の大きさが中ぐらいとなり、図書館委員会が個々の図書を審議し、これを決定することが煩わしいようになると、図書館委員会は図書選択の権威を、委員会から選出した図書（選定）委員会（The Book Committee）に委任し、代行せしめることとなった。（註＝図書館委員会は、図書館の建築委員会・営繕委員会・財務委員会などの小委員会を選任することができる。）そしてこの図書（選定）委員会と図書館長とは、緊密に連絡・提携して見事なチームをつくりあげ、図書の選択に協力し、すべての図書に個人的考慮を払うこととなった。これらの図書（選定）委員会のメンバーは、一般に、地域社会の生活に接触をもっている、教育のある男女の委員から構成されていた。彼等は図書選択の一般的原則を定め、これをもって図書（選定）委員会と図書館長とが、図書の選択を決定する基準とし、また地域社会の読者に提供することを目的とする図書の種類を、図書館長ならびに図書館の幹部職員から、図書（選定）委員会に提案させる手引とした。

図書館長は常に図書（選定）委員会に出席し、図書館の資料に基づいて図書に関する知識を提供し、その提案する選択図書について、それを勧告するに至った理由を説明した。図書館長は図書館委員会から、十分な信頼を博しており、その提案する購入図書に関して、これに疑惑をいだくものが、図書（選定）委員のうちに、仮りにあったとしても、それはきわめて少数で、無いといってもよいぐらいであった。このような図書（選定）委員会は、図書館長がライブラリアンとして十分な訓練を経ていないばあい、あるいはまた、図書館の幹部職員が司書としての経験が不足している小図書館では、重要な図書選択の機関であるということができるであろう。

しかし、図書館の規模が大きくなり、購入する図書の分量が増し、図書館の管理が、訓練を経た図書館長の手に置かれるようになれば、図書（選定）委員会が定時に会合を開いて討議したり、購入図書の種類をいちいち検討して承認する必要は、次第に減少するようになる。しかし図書（選定）委員会としては、図書館委員会から信託をうけた義務と責任とを果たす意味から、その機能を続けようとする傾向がないでもない。けれども正規の図書（選定）委員会を開催し、それによって消費される時間のことを思い、またそのために図書の選択が延び延びになることを考えると、図書（選定）委員会の会合を開くことをやめ、かつて図書館委員会がやったと同じように、図書選択の権威と責任とを、図書館長に委任して代行せしめる時がやがて来ることは、極めて確実である。

有能な図書館長をもち、練達した幹部職員（司書）をもつ図書館にあっては、図書（選定）委員会のもつ図書選択の責任を、図書館長に代行させることが、むしろ安全であるといえる。ただ過渡的な計画措置として、図書館長は図書（選定）委員会のメンバーに対し、その発注した図書目録の複写（copy）を送り、もし一定の期間に、これらの図書について反対の発言がなされなければ、これらの図書は、すべて図書館に備え付けられるであろうという了解さえ得ておけば、それでこの問題は満足に解決できるのである。その間、注文した図書は、見計らい注文（on approval）の取扱いとし、最後の決定をあとまわしにしておいてさしつかえない。また注文図書の複写は、ばあいによっては、図書（選定）委員長にだけに送るように取決めておいてもよい。

しかしまた他面には、例えば高価な図書を購入するときとか、とくに多数の図書の寄贈を受けたときには、図書館委員会が直接に働きかけることがある。図書館長はまた、これらの問題を図書館委員会に移牒することが望ましい。とくにこれら一群の図書が、図書館の一般方針に関連を持ち、影響があるばあいには、あるいはまた、それらの寄贈図書の保全が、ある種の条件をともなうばあいには、これに対処する用意を、図書館の側として準備することが望ましい。図書館長はまた調節の困難な問題、例えば図書の購入を予約するとか、読者から好ましからぬ図書の購入を勧告され、要求されたばあいとか、図書検閲の問題について苦情がでたときには、これを図書館委員会に回牒して、その指揮なり指導なりをあおぐことが、安全で、かつ望ましいといわれている。

以上は、主としてアメリカの図書館委員会と、その図書（選定）委員会について述べたのであるが、わが国の教育委員会のばあいでは、図書館の管理に関して不干渉主義をとり、予算の範囲内で図書館長に一任してあるため、表面は一応円滑に運営されているようであっても、ひと皮むくと裏面には案外、官僚的・独善的事大主義が行われ、図書館経営の正当なすがたがゆがめられ、全体の計画がじゅうりんされ、統一をみだし調和を破壊するような、不当な支配に属する圧迫が加えられた事例がないでもない。

X町立図書館では、その町の教育長が、他から押しつけられた、役にも立たぬ高価な図書の尻ぬぐいをさせられた。そのうえに、これに味をしめて、その教育長がまた、地域社会の読者の要求とは、全く関係のない夥《おびただ》しい古本を、どこからか仕入れて来て図書館に支払わせたという。Y高等学校では、ある年の卒業生が謝恩記念の図書を寄贈し、それが特別のガラス戸つき本箱に収められ、もう少しのところで図書館に備えられようとした。P中学校では、教育委員の紹介状をもった押し売りから、無理無体に図書の購入を強いられ、これを委員会事務局に訴えたら、剣もホロロなあいさつでソッポを向かれたという話である。Q市の校長会は、その郷土新聞社のクダラナイ出版物を、各学校で購入することを無条件で決議したという。およそこれらの事例は、教育委員会がもつ図書館の管理に関し、また図書の選択についての権威を自から放棄し、自から傷つけんとするものであり、まさに天に向かって唾するものというべきであろう。

わが国の教育委員会にせよ、アメリカの図書館委員会にしても、その機能は図書館行政の部門にある。したがって図書館管理の原理・原則・政策・方針・計画を樹立することは、その義務であると考えるのは当然であるけれども、一々細かい点にまで手を出し、干渉したり、指揮したり、監督したりすることは控えるべきであろう。専門的教育をうけ、経験のある訓練された図書館長を任用し、その良識と手腕とを信頼し、これを代表的執行機関として承認し、委員会の方針を実際に施行させ、図書館長を中心とする図書館管理の権威を設定し、図書館奉仕を行うと同時に、図書選択の責任をもこれに委任しようとするのが望ましいのである。

C　図書館長の責任

このようにして図書の選択に関し、図書館長の直接責任は避けることはできない。すなわち（1）**図書館行政**は図書館長を権威の中心に置き、（2）**図書館奉仕**の計画をハッキリと決定し、（3）その目的のために個々の**図書が選択**され、利用せられるようにしなければならない。動く図書館をつくり上げるためには、どんな図書館資料を選択したらよいか。とくにそれらを利用する人々の立場から、かれらの要求に適応するものは何か。どこに図書館の蔵書構成は、その欠陥があるのか。どの部門の蔵書を強化したならば、図書館奉仕がうまく行われるか。機械的補助となる専門的書誌・書目は何か。これらの補助物を、どのように利用したならば、図書の世界における価値を決定することができるか。どのようにして図書資源を利用すれば、能率的であるか。また図書費は、どのように使用すれば最も効果的であるか。問題は少なくないのである。

図書館の仕事は、他から容易にうかがい知ることができないぐらいに、行政的に、技術的に、教育的に複雑多岐である。人的管理にしても、物的管理にしても、専門的知識と経験とが常時不断に反映され、能率的合理的運営が行われなければならない。そのためには、有能な常勤の職員が必要であって、その任に当たるものが図書館長（ライブラリアン）なのである。ここに図書館長として、専門的に訓練された資格が要求されるのである（図書館法第十三条二および三〔編集部註・平成十一年の改正により図書館法第十三条三項は削除され、図書館長が司書資格を有する必要がなくなった〕）[1]。図書館長は常に不変不動の計画のもとに、組織的かつ統一的に、その図書館の特別な機能に適応することができるように、他の教育施設とも協力提携し、指導的立場において奉仕する一切の職務を担当し、そのために、図書館長としての俸給を受けているのである。

図書館長の権限は、教育委員会の機能と職務と分割できるものではなく、両者の有機的結合によって、ともにそれぞれの機能を十分に発揮できるのである。教育委員会が図書館長の日常事務に立ち入り、これに干渉することは、むしろ有害であるが、図書館長が自分の専門的知識を鼻にかけ、教育委員会に「盲判」を押させようとするのは不当である。図書館長は独裁者でなく、教育委員会の使用人である。むろん最後の権威と責任とは、教育委員会に存するのであるから、教育委員会が図書館長とその方針とを支持することを欲しないならば、そしてもし図書館長が、その専門的理想とする方針を、教育委員会の欲する政策に変更できなければ、両者の職務関係はここに終止符がうたれ、向背を異にするので

1　第十三条二　館長は、館務を掌理し、所属職員を監督して、図書館奉仕の機能の達成に努めなければならない。
三　国から第二十条の規定による補助金の交付を受ける地方公共団体の設置する公立図書館の館長となる者は、司書の資格を有するものでなければならない。但し、当該図書館の館長となる者のうち、都道府県又は地方自治法（昭和二十二年法律第六十七号）第百五十五条第二項の市（以下「五大市」という）の設置する図書館の館長となる者及び五大市以外の市の設置する図書館の館長となる者は、更にそれぞれ三年以上又は一年以上図書館の館長又は司書（国立国会図書館又は大学の附属図書館の職員で、これらの職員に相当するものを含む。）として勤務した経験を有する者でなければならない。〔編集部註・平成十一年の改正で図書館法第十三条三項は削除〕

い、教育委員会法は廃止〕）。

ある（教育委員会法、第五十二条の二の二参照〔編集部註・昭和三十一年、地方教育行政法の施行に伴い、教育委員会法は廃止〕）。

図書の選択は、図書館長の責任（複委任）の結果として、その主要な仕事の一つなのである。そこで図書館長は図書選択の要素を基本として、地域社会の読書大衆の要求に応じ、彼等に図書を供給するために、図書を選択しなければならない。従って図書の選択は、よい加減に、半ぱな時間をふり宛てたりすることは許されないのである。図書の選択は、図書館長の日常の職務のうち、最も多くの時間をこれにささげ、最も多くの考慮を払わなければならない、欠くことのできない仕事である。このようにして図書館は、価値のある図書を備え、一般公衆が必要とするものを提供し、彼等が利用するであろうところものを与えることにより、図書館長の責任は成就される。世界の傑作とよばれるすぐれた図書、平凡ではあるが大衆に読まれる図書、一時的の生命しかもたないかも知れないが、一般を満足させる図書が備えられているのである。

しかし図書館は、公衆の求める一切の資料を提供することはできない。或いはいうであろう、図書館は、地域社会の住民の租税によって維持されているのであるから、彼等の欲する図書をすべて備えなければならないと。けれども個々の納税者の一時的なできごころや、気まぐれを一々満足させることは、図書館としては不可能である。図書館は全体の奉仕者であって、一部の奉仕者であるのではない。納税者の全体を考慮すべきであって、個々の納税者を目標とするのではない。図書館長の責任は、管理と指

大阪府立図書館機構

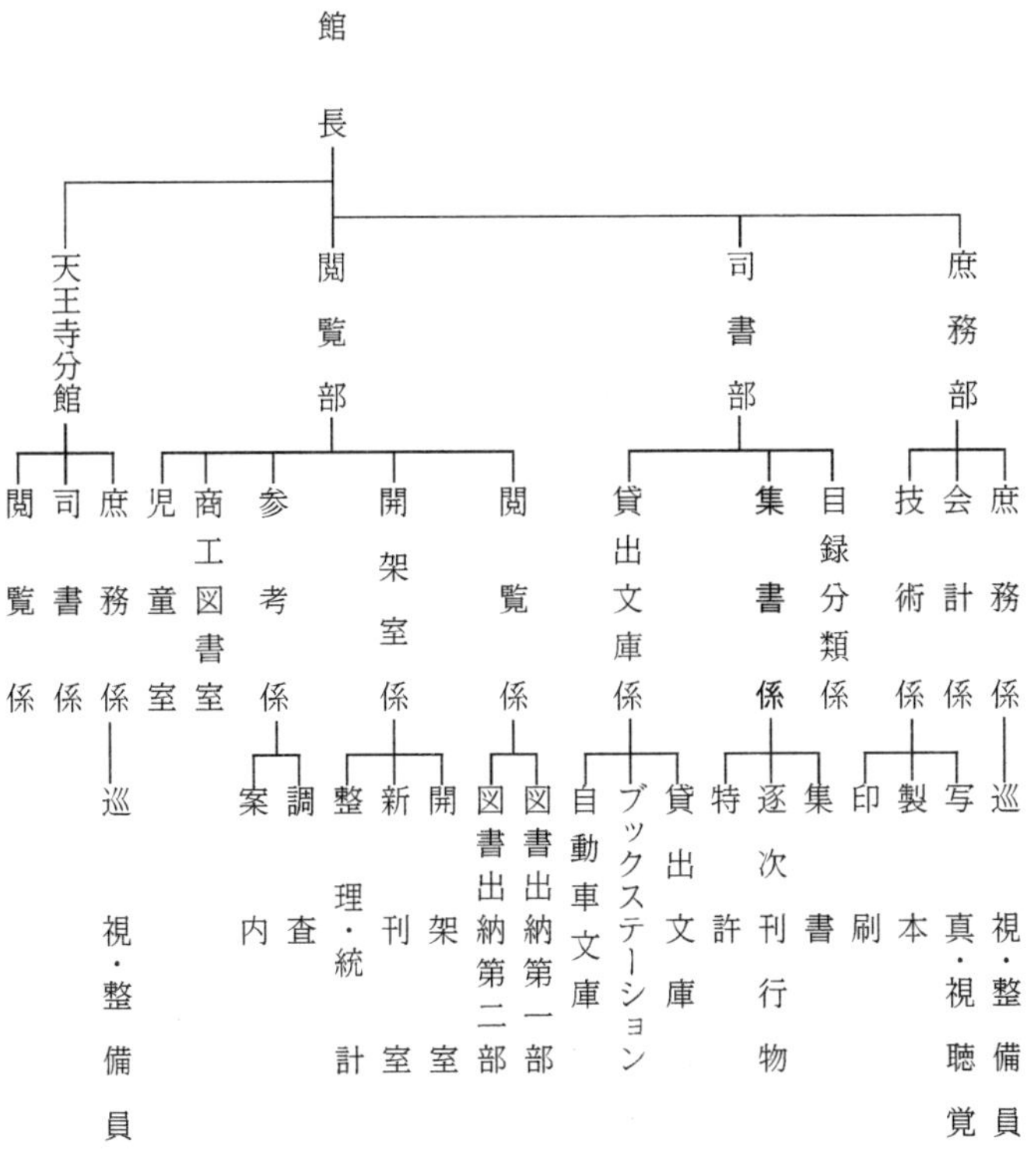

第3表

導とにあって、図書館の方向舵を握っているのである。だから図書の選択は、地域社会の要求するものの**合成的価値**についてこれを決定し、すべてのものによいものを選び、これを備えるところに図書館奉仕がある。

図書選択の責任は、図書館長にあることはすでに述べた。しかし、だからといって、図書館長が必ずしも個々の図書を選択しなければならないということではない。図書館長は万能ではない、また独裁者でもない。図書館には次長・部課長の補助執行者がおり、また職務規程あるいは処務規程が設けられている。これは図書館行政を運営するために、必要な実際的措置に淵源《えんげん》するものであって、法的根拠の有無は別である。ただ図書の選択が、図書館奉仕の第一義的重要性と必然性とをもつ建前から、新しい意味と形式とによる図書委員会、あるいは図書選定委員会の構成が、**合成的人格の図書選択者**として考慮されるのである。それがどのような形式をもち、どのような組織をもつかは、図書館それぞれの事情によることであろう。しかし図書の選択には、あらゆる偏見は回避されなければならないし、利害の偏重は拒否しなければならない。図書委員会は、そのための防壁としての役割をするのではなかろうか。

新発田町立図書館図書購入諮問委員規程

1　本館図書ヲシテ一般ノ要求ニ応ジ購入ノ適切ヲ期センガ為メニ諮問委員規程ヲ定ム

2　委員ノ数約七名トシ任期ヲ二ケ年トス

3　委員ハ館長ノ招集ニ応ジ委員会ヲ組織ス
4　委員会ハ館ノ調査書目ニ付キテ適否ノ諮問ニ応ジ、又ハ購入ニ関スル意見ヲ開陳スルモノトス
5　委員会ニ諮問スベキ図書購入額ハ、購入予算額ノ六割ヲ下ラザルモノトス

諮問委員

第1期　町教育会長、実業同志会長、連合青年会長、新発田中学長、小学校教務部長、新発田記者、町婦人会副会長
第2期　町教育会長、実業同志会長、連合青年会長、新発田中学校長、小学校長、新発田新聞記者、町婦人会副会長
第3期　町教育会長、実業同志会長、町会副議長、新発田中学校、新発田高等女学校長、小学校長、前町長、連合青年会長、新発田新聞記者、町婦人会副会長
なお諮問委員会には町長の臨席を例とす（新発田教育史　第三編第七章）

京都大学文学部図書委員会規定

第一条　本学部に図書委員会を置く。
第二条　委員会は学部長並に哲・史・文三学科の教官二名を以て構成する。
学部長は委員長となる。

委員長は委員会を召集し、その議長となる。
委員長は購入希望図書に関し、その説明のために希望者の出席を認めることができる。

第三条　委員の任期は二年とする。
但し前任者の任期満了前に改選せられた委員の任期は前任者の残存期間とする。

第四条　委員会は左記各号の事項を審議する。
1. 図書費配分予算の件。
2. 一部金二万円以上の図書を購入する件。
3. 共同資金を以て共同の目的の図書を購入する件。
4. 一月以降共同資金を以て図書を購入する件。
5. 年度末共同資金残額整理の件。
6. 特別の場合に於て共同資金を使用する件。
7. その他図書に関する必要事項。

第五条　前条第一号及び一部五万円以上の図書購入に関しては、委員会の意見を附し教授会の賛成を求めねばならぬ。

第六条　委員会は委員五名以上出席し、議決は全会一致であることを要する。委員が出席できないときは、代理人を出席させることができる。但しこの場合の代理人は所属学科の教授であることを要する。

D　図書の選択についての助言（advice）

1　価値理論と要求理論

図書館の図書選択は、図書館長の権威と責任とにおいて、人的補助と書誌的（機械的）補助とにより、地域社会の読書大衆に奉仕するため、図書資料について行う過程であることは、ほぼ明らかにされたものと信ずる。これを図書館運動の歴史から考え、ただ単に図書を収集し保存するだけでなく、これを利用する面から見て、初期の時代においては、図書選択の「価値理論」（value theory）が全盛であった。すなわち図書のもつ文献的価値に重点を置き、図書館の教育的機能を力説するものである。現在でも参考図書館・大学図書館・学術図書館・専門図書館は、図書の内容・形態の価値に重点を置いて図書の選択をしている。

ところが第十九世紀の末葉から公共図書館が増設され、だんだん勢力を伸ばしてくると、ここに図書選択の「要求理論」（demand theory）が次第に勢力を占めるようになった。図書選択の「要求理論」は、民主主義の原理――すなわち多数の権利を主張するものである。租税で維持される公の施設である図書館は、租税を支払う読者の読みたいと思う図書を購入して備え付けることを要求（demand）されるというのである。その最も著しい例は、一般図書館では、文学書とくに小説が蔵書の多数を占めるようになったことである。公共図書館の読書統計は例外なしに、小説の読者の増加していることを示している。わが国でも旧時代には、黄表紙を手にすることは、士君子のいさぎよしとしないところであったが現代ではどこの図書館でも、文学書の読者が圧倒的に多数である。

しかし価値理論にせよ、要求理論にせよ、独立した別個の原理として判然させることは紙上の議論であり、その是非をいう必要はない。なぜならば、いうところの文献的価値とは何か、その基準をあらかじめ決定しなければならないからである。同時にまた、読書大衆の要求とは何か、その内容を分析し検討しなければならないからである。いずれにせよ、これまでに考えなかった要素が、これまでに注意しなかったファクターが、図書選択の領域に影響を与え、それらについて考慮しなければならなくなったのである。

図書館の存在する地域社会は、いろいろな種類の読者を網羅し、相当に複雑である。ことに公共図書館では、これらの複雑な読者について、その読書能力を調査する方法が講ぜられるならば、どんな種類の図書を選択して図書館に備え付けたら読者に適応し満足を与えるかを決定するのに役だつものである。しかし著者は、人口統計学的調査（demographic investigation）に関する知識がきわめて乏しいため、十分にこれを述べることができないのは甚だ遺憾であるが、地域社会の大小と読書の分量とにより、いくつかのグループをつくり、それぞれのグループの特徴となる読書の関心を、（1）読者の年齢、（2）性別、（3）職業、（4）住居（地理的環境）、（5）教育の程度により、更に（6）年齢と教育、（7）

性別と教育、(8)性別と職業、(9)職業と教育について研究したらよいと考えている。

　ところが、これらの調査研究による読者のもつ関心は、果たしてその読書している図書に反映するであろうか。たとえ反映したとしても、それは不十分なものではないだろうか。なぜなら、図書館に備えられている図書資料にはおのずから限界があり、読者が図書館を利用する程度にも差異があるからである。しかし、それにもかかわらず、読者の要求を確実に把握する方法が講ぜられ、当然の考慮が払われるならば、図書の選択は、その政策において合理的進歩を遂げることは疑いないところである。それだからといって、図書の選択における書誌的補助の比重が、著しく軽減するとも考えられない。

2　図書館職員の助言

　小規模の図書館では、図書館長が普通には、図書を書誌・書目・書評と照らし合わせ、これを選択して注文している。図書館の組織も単純であり、形式的な手続きも簡素で、報告・統計などの記録類も少なく、館長ひとりでテキパキと事務を進行させ、選択した図書の受け入れも、至極ビジネスライクに行われている。しかしこのようなばあいでも、そこに幾分か組織のあることが望ましい。図書館法は、図書館長の諮問機関として、図書館協議会の設置を規定している［編集部註・図書館法第十四条］けれども、小図書館のばあいには、そのような法的根拠にもとづかなくても、図書館長の私的助言者たちであっても、図書の選択に役立つものであろう。ただ、しかし、助言は飽くまでも助言であり、決定は図書館長の責任であることはいうまでもない。

中ぐらいの図書館から、大規模の図書館ともなれば、図書館の職員もふえるのであるから、図書の選択を、それらの職員が援助すべきである。図書館長は主たる図書の選択者であり、責任者であるけれども、ある主題についてはこれを幹部職員に代行させ、それらの図書についての責任をもたせたらよい。参考図書の選択は参考係に、児童図書は児童司書に、特殊部門——商工部とか美術部とかの専門図書は、それぞれその主任に担当させたらよい。部・課・係長などの幹部職員以外の司書・司書補であっても、特別に興味をもち趣味を感ずる主題、例えば歴史であるとか、劇であるとか、化学であるとかについて特別の知識をもつものには、図書選択の仕事を代行させてよい。また幹部職員は、それぞれ割り当てられた部門の新刊図書についての書評のうちから、それぞれ図書館長に報告をなし、あるいは推薦をしたらよいのである。

貸出部・参考部・読書相談を担当する情報部の図書館職員は、読書大衆についてもっとも広い深い知識をもち、読者の要求について精通しているはずである。したがって蔵書構成において、読者の要求が満足されていない部門、またある主題についての弱点や欠点が、日常の仕事の上で明瞭にわかっておるはずであるから、注意にのぼった事がらについては、図書館長に報告しなければならない。そしてそれらを充実し補足する図書を選択し、図書館奉仕につとめることが期待されるのである。このことは学校図書館においても、その学校の教科主任・学級主任の教員が当然なすべき責任であること、もちろんである。

都市のばあいは、各種の図書館職員が協力して図書の選択に当たることが望ましい。二十名ぐらいの有志者が読書会をつくり、幹事役をきめ、それぞれ割り当てられた図書を読み、読んだ図書について批評し、批評したものを更に討議して、図書の評価をするのである。とくに町村の小図書館のための図書評価に、多くの力を注ぐ必要があるであろう。これらの評価は覚書（ノート）として、会合の度ごとにこれを承認し、あるいは図書の選定目録をつくり、または書評として図書館報（library bulletin）に載せるなり、新聞記事として掲載を求めてもよい。わが国でも日本図書館協会はもちろん、地方の図書館協会なり、全国学校図書館協議会が選定図書目録を公表している［編集部註・日本図書館協会の図書選定事業は平成27年度で廃止。全国学校図書館協議の選定事業は継続されている］。著者の身近くにある京都図書館協会と、京都府学校図書館協議会とが、それぞれ「会報」に選定図書目録を載せているのは、その一例といってよいであろう。

3　図書館職員以外の協力

公共図書館のばあい、その地域社会の学校教員・宗教家・官公吏・産業技師、地方学会および社交団体の役員、郷土史家・著述家・趣味家から、図書の選択について図書館は協力を求め、援助をうけることができる。これは一面には図書館の対外活動ともなり、またPR運動にも関係するのであるが、それぞれ得意とする専門知識にもとづいて、図書の推薦なり、図書の批評――書評をしてもらったらよい。これらの協力者の名簿をつくっておけば、便利であろう。その人数は沢山あるわけではない。

書店から持ち込まれる図書も、ばあいによっては、これらの協力者に貸し、その意見を求めることもあろう。経験の教えるところによると、これら館外の協力者は、多くのばあいに、図書館の立場において図書を選択することの理解が不足していて、公平な判断を欠くことがある。また図書の返却については、厳重に制限されていても、遅くなりがちである。したがって、これらの専門家の協力を求めるときには、高度の専門的知識を必要とする専門図書とか、外国語の知識を高度に必要とする図書にかぎるのが、無難であり、安全であろう。

読者の推薦する図書もまた、図書選択の貴重な源泉となるものである。これらは適当な時期に、図書館長および図書選択を担当する幹部職員によって考慮されなければならない。そしてそれらの図書が現実に図書館に備えられておらず、また注文も発せられていないことを、まずもって確認しなければならない。時として、これらの推薦図書は、読者の要求を満足させるために、複本として部数をふやす必要のあるものであるかも知れない。読者の推薦する図書が選定され、購入され、整理されたのちには、早速この旨を推薦者に通告し、それがまず推薦者によって利用されるために、留保しておくことを忘れてはならない。それは推薦者を勇気づけることであり、その与える心理的影響はすばらしいものがある。

しかしまた、その図書を購入することが不可能であり、あるいは望ましくないばあいには、その推薦者の労を感謝するとともに、現在の状態においては――教育委員会の判断によれば――この図書を図書館のために購入することは、当を得ていると思われないという意味を、婉曲なことばで明白に、あるいはごく一般的な用語で応対することができる。(イ)すでに絶版であって、入手に困難である。(ロ)余り高価で、図書館の図書費で賄いきれない。(ハ)その図書の利用率は、極めて制限されているように予想される。(ニ)図書館にある同じ主題の図書と考慮して、不必要と思われる。(ホ)この図書の価値について、肯定するだけの十分な資料がない——等である。

図書の推薦は、すべてのばあいに、口頭でなく、記録として提出されることが望ましい。アメリカの公共図書館では貸出部(Circulation D.)・参考部(Reference D.)・情報部(Information D.)などのデスクのところに、推薦図書を記入する様式を備えたカード用紙が置かれてあるという。ここにその図書選定票を図示して置いたが、それには(1)著者、(2)書名(標題)、(3)出版社、(4)出版年月はもとより、(5)用途については(a)単なる読みものか、(b)参考書、(c)研究書、(d)指導書として役立つものか。(6)内容は(a)完全に書かれているか、(b)要綱にとどまるのか、(c)通俗的のものか、(d)専門的、(e)技術的のものか、(f)権威があるのか。(7)文章は平易か、難解か、晦渋《かいじゅう》かによって「優」「良」「可」「不可」を評価し、その(8)影響は(a)健全か、(b)不健全か、(c)刺激的か、(d)消極的か、(e)疑問の余地があるか(分からない)を判定する。(9)読者層は(a)児童、(b)青年、(c)成人、(d)男、(e)女、(f)一般向けかを考慮し、(10)学校図書館のばあいは(a)小学校、(b)中学校、(c)高等学校、(d)教師用に区別する。(11)書誌的事項では(a)参考文献、(b)地図、(c)索引、(d)付録、(e)図版の有無が問題である。(12)

装釘の「優」「良」「可」「不可」を判定するはもちろん、(13) 書評があれば、その掲載された新聞・雑誌の標題・号数・年月を記載する必要がある。そして適不適を評価して、採・否を決定するのである。わが国でも、このような図書選定（推薦）票をこしらえて、図書の選択をしたらよいと勧告しているが、なかなか実践されていないようである。

これらの図書選定票・推薦票は、すべて図書館長の手許に集められ、図書の選択を担当する図書館職員によって、記載事項が一々詳細に検討されたのち、それぞれ処理されるのである。

Author Remarque, E.M.
Title All quiet on the western front

Underline or check descriptive words hereon
Effect; Cheerful, Clean and Wholesome, Depressing, Dull, Immoral, Moralizing, Sordid, Stimulating, Trashy, Trivial, Unwholesome

Literary merit; Excellent, Good, Fair, Poor, Permanent
Appeal; Very Popular, Average, Limited, Permanent
For Whom: All readers, Men, Women, Younger People

Adventure
Short Stories
Western
Mystery
Historical
Great War
Marriage
Sea
Modern Freedom
Psychological
Romance
Pioneer Life
Humorous
College

Recommended for Main .... Branches .... Reviewed in Bklist July 1929
Date 25 Ag 29 .... Signature LWB ....
Fiction Report Card　　Name of Library

第４表　図書選定票（小説）

Author Villiers, A.J.
Title Falmouth for orders.
Holt, 1929.　　Date Ag 1929
Use: Reading, reference, study, practical directions.
Treatment: Full, brief, authoritative, popular, scholarly, technical.
Style: Excellent, good, fair, poor
Influence: Wholesome, stimulating, doubtful, unwholesome, negative.
Suited to: Adults, intermediates, children.
Format: Good, poor.　Illus.: Good, poor.　Type
Reference aids: Maps, indexes, bibliographies, appendices.
Recommended: yes　Not recommended:
Signature LWB.
Non-Fiction Criticism Card
Please indicate facts and opinions by underlining.　OVER

第５表　図書選定票（非小説）
Drury の著書から

Ⅳ　図書選択の中心問題

くりかえし述べたように、図書館の図書選択は、図書の選択者が図書についての知識を具え、図書館の奉仕する読書大衆についての理解をもち、図書の資源を聡明に利用できる手段を講じ、これら三つの要素の上に、図書選択者の頭脳と経験とが働いて、これを軌道にのせ、かつ容易にするものである。そこで、これらのひとつひとつを取り上げ、図書選択の中心問題として、一々について少しく検討してみたいと思う。

A　「最もよい読みもの」とは何か

1　意義と特質

さきにかかげたアメリカ図書館協会の標語のうちにある「最もよい読みもの」(The best reading)とは、天下唯一、無二の良書という意味でないことは、多くの説明を加えなくても、誰でもたやすく会得するところであろう。バイブルはギリシャ語のビブロス、すなわち「書物」から出たものであって、キリスト教信者にとっては、唯一の聖典であるにちがいない。またこれまで公にされた「良書目録」のうちには、バイブルがその筆頭に挙げられていることも事実である。実際に聖書が多くの人々にとって、その人生の暗夜行路に、昼は雲の柱となり、夜は火の柱となって、常にその行手を示してくれたことも疑いないところである。しかし科学を研究するものにとっては、バイブルは決して唯一の書ビブロスではない。またバイブルは、科学の研究に役立つことを目的として編集された書物でもない。「最もよい読みもの」というばあい、「絶対的」の最もよい読みものというのではなく、「相対的」の最もよい読みものという意味である。抽象的に最もよい読みものというものは、ほとんどないといってもよいぐらい、少数なものである。どれほど範囲を制限してみたところで、ある知識の分野において、唯一の図書をあげて、「最もよい読みもの」とすることは困難である。その理由は、図書はそれぞれ、ちがった目的をもって著述され、その用途がちがっているからである。

諸君がもし、ロビンソン・クルーソーになったとして、孤島に漂着したとき、ただ一冊の書物を携えることが許されたとしたら、何を持って行くであろうか？　この愚問に対して、もし昔ながらにバイブルとか、『論語』とかと答えたとしたら、それはよほどカビのはえた考えかたであって、賢答とはいわれないであろう。二十世紀のロビンソン・クルーソーは、神秘の世界に生活できるものではないのであるから、各人各様の目的に、もっとも切実な答案が出されてもよいことであろう。しかしベスト・セラーズとか、ベスト・テンとかいうことばがあるのをみても、「最もよい読みもの」とは単数でなく、複数であってもよいことがわかる。日《ひ》の下開山《したかいざん》の横綱でも、一人にはかぎらないのである。ある目的のために、「最もよい読みもの」といえば、その資格を具えている書物は少なくない。

入門書というものは、はじめてその学問に志す初学者に、またはある仕事に手をつける初心者に、あるいは新しい職業に就こうとする志願者に、手引書として著述されたものである。それらのすぐれた入門書のうち、読者にもっともふさわしいもの、読者の要求にもっとも役立つもの、読者のもっとも満足するものが、「最もよい読みもの」なのである。「素人写真の写し方」という書物は、これから写真を始めるアマチュアのために、写真についての一般的基礎知識を与え、撮影の実際から、現像あるいは引伸にいたるまでの実技について、平易に懇切に、噛んでふくめるように説明してあれば、写真道楽をはじめる初心者には、「最もよい読みもの」であるにちがいない。しかし、すでに写真の撮影に多くの経験を積み、その道の天狗をもって任ずるもの、斯界の大家と推称せられているプロには、この書物は決して「最もよい読みもの」とはいわれないであろう。それは、この書物のねらいとしている目的以上の段階に、これらの人々はすでに到達しているからである。

『世界の名曲』という書物は、世界の偉大な音楽家について説明し、その代表作をわかりやすく解説してあって、趣味のゆたかな、興味の多い「最もよい読みもの」で、素人の名曲鑑賞のためによい指導書であるかも知れない。しかし音楽鑑賞のトップに立つ斯道の指導者にとっては、その実用に供せられるような最もよい書物は、ほかに多く存在するかも知れない。ある種類の職業——例えば機械工のために「最もよい読みもの」があり、社会事業家のために「最もよい読みもの」があり、カント研究のために「最もよい読みもの」があり、閑な時間をつぶすために「最もよい読みもの」があり、疲労を回復するのに役立つ「最もよい読みもの」がある。それぞれ特別の要求に応じ、特別の目的を達する図書が、真に「最もよい読みもの」として選択せられなければならないのである。

すべての図書は、それぞれ固有な本質的特色をもっているものである。図書の選択は、その本質的な特色を検討し、それによって、「最もよい読みもの」であるかどうかを決定すべきである。天下の図書がすべて良書であるわけではない。Aが良書を認めたところのものを、Bは悪書として排斥したものも少なくない。しかし一般にいって、図書は出版されるまでに、すでに二回の関門を経て「選択」されているのである。（1）**著者**それ自身である。著者が良心的であるならば、そしてもし著者としての名声を維持しようとするならば、悪書や愚書の著述をしないであろう。つぎに（2）**出版社**である。もし出版社が、世間の賞讃と評判とに関心を払うならば、愚書や悪書の出版は手控えるであろう。しかもなお、著者に曲《きょく》筆《ひっ》舞《ぶ》文《ぶん》を要請する悪質の出版社があり、それに屈服する悪趣味の著者がないでもない。著者の意図を測定することは、図書選択の必要条件であることは明らかである。

ボストウィック（A. E. Bostwick）[1]は、「最もよい読みもの」のもつ四つの特質を指摘している。

1　A. E. Bostwick: How to raise the standard of book selection.

（イ）真実が書かれていること。
（ロ）文章が明快で、理解しやすいこと。
（ハ）健全な趣味が盛られてあること。
（ニ）文学的価値のあること。

これらの特質を検討し、これをもって図書選択の基準と定め、これを基礎としてインフォメーションの図書、インスピレーションの図書、レクリエーションの図書を判定する基範とすべきである。ただしかし断っておきたいことは、これら四つの特質が、すべて一冊の図書に具備されているとは限らない。その一つだけを特質とするばあいもあるであろうし、また二つ以上を兼ねていることもあろう。

2　一般的原則

このようにして図書判定の一般的基準を定め、これを応用すれば、多くの図書を淘汰して、少数ののもが選択される結果となるであろう。生命の短いものを棄て、将来に永く利用される、「最もよい読みもの」だけを保留することとなるであろう。図書館それぞれの設立目的に適当した「最もよい読みもの」は、健実な原則にもとづいて、組織的選択により、蔵書構成に発展するものであるが、その一般的原則としてつぎのことが考えられる。。

（1）図書館はそれぞれ、その設立目的に適合させるために、すべての図書を判定する適当な標準を定め、図書の選択を、その線に沿うて、できるだけこれに接近させるように努力しなければならない。

（2）このような図書選択の基準を適用するばあいには、図書の選択者は、その知性を発揮しなければならない。そして図書の内容によって、その価値を評価する。時事問題に関する図書は、一時的生命のものであって、あるいは価値の低いものであるかも知れないが、新鮮味をもつという意味の評価が与えられるであろう。

（3）ある主題については、その「最もよい読みもの」を備え付けることを図書館の目標とするのはもちろんではあるが、平凡な書物であっても、もしそれが一般に読まれることが予測されるならば、読まれない、すぐれた書物をさしおいても、その平凡な書物を選択することを躊躇《ちゅうちょ》してはならない。

（4）多くの図書を備えつけるよりも、良いものを重複させることが望ましい。例えばある小説作家の作品のうちには、傑作もあれば凡作もあり、愚作もある。その愚作と凡作とは、たとえ作家が有名人であっても、これを備え付けてはならないが、その傑作は部数をふやし、複本を用意すべきである。わが国の図書館は、複本を用意することが乏しく、蔵書構成が、図書の見本市であるかのごとき観を呈しているように思われる。

（5）図書の選択は、積極的に利用されるものを目標とすべきである。図書はただ良いというだけでは充分ではない。「良書」（good books）と「最もよい読みもの」（best reading）とは、別である。何の目的に、誰のために、良いかを考慮しなければならない。重ねていうが、読者に奉仕するのは図書なのである。それが害をなさないという意味で、「最もよい読みもの」であるならば、さらにその有用性を問題とすべきである。

（6）郷土資料の収集を強化し、これを拡充することを目標に、図書の選択をしたらよい。われわれの祖先の思想・習慣、または生活様式についての関心が最近とみに増大してきている。郷土的・地方的関心の的となる図書および記録の類を選択購入し、これを保存することに注意を向け、考慮を払うことが望ましい。その種目・範囲・内容については、図書館自身で、それぞれの事情により決定したらよい。これは、ある意味で、その図書館のもつ国家的責務（national responsibility）ということができる。

（7）図書館は、事情が許すならば、その図書館の特色となるべき専門的・趣味的集書に注意したらよい。それは図書の選択に勇気を与えるものであり、また図書選択の範囲を拡げるものである。かりに同様の集書が、この広い世界のどこかにあったとしても、それは意に介しなくともよい。マサチューセッツ州のニューベッドフォード公共図書館は、捕鯨船の出入基地であるというので、捕鯨に関する集書があるということである。あるいはまた有名人の個人文庫を手に入れることができれば、これまたその図書館の特色となるであろう。図書館の専門化は、図書館の利用に拍車をかけることとなるものである。

（8）図書の選択には、寛大で宏量でなければならない。他人の助言に対してはつとめて耳を傾け、その人をもってその言をすててはならない。しかし反動的・超保守的なある人たちが、有害であるとけなしたからといって、無条件に盲従して、それらの図書を排斥してはならない。革命的煽動文書は学者にとっては、害にもならなければ、危険であるのでもない。希望を失ったもの、絶望に陥ったもの、飢餓に頻しているものに、それが危険なのである。これらの文書は暴動を煽動し、暴挙を起こすところの危険性があるか、ないかという点に一線を画し、事実を伝えるインフォメーションの図書に限るべきであろう。およそこのような偏見にみちたものは、それが個人的であろうと、文学的であろうと、政治的・経済的・宗教的であろうと、これを差控えることが賢明であろう。図書の選択は、公正の精神をもって、多方面に行うべきである。毛嫌いすることは、図書の選択者には許されない。政党政派に関するもの、一宗一派に属するものは、双方の立場を示す図書を提供しなければならない。宣伝的性質をもった文書は、これを避け、その必要度・有用度が指示するばあいにかぎり、これを備え付けるべきである。図書館の中立性は厳重に確保し、これを侵さしめることをしてはならない。

（9）小説は、現代においては、創作芸術の形式として、最も支配的な位置を占めている。小説はレクリエーションの資料として価値をもつばかりでなく、教育的価値をもつものである。図書館の種類により、図書選択の基準に適合するならば、進んでこれを蔵書のうちに加えるべきである。

(10) 図書館の目的に合致する図書——ひとり内容ばかりでなく、その物理的形態においても適当な図書、すなわち装釘・製本が魅力あるのみならず、耐久力に富み、良質の紙に鮮明に印刷された図書を選択することが望ましい。読者の目を喜ばせると同時に、読者の目の衛生に注意することをも忘れてはならない。

(11) 図書の選択者は、著者についての知識をもち、彼等がどんな学歴と経歴の持ち主であって、どんな著述をなし、どんな位置にあるのか。A級かB級か、一流か二流か、古豪か新進かを知っていなければならない。出版社についても、彼等が何を出版しているか、その専門は何であるかを研究して、これを知っておく必要が充分にある。さらに適正な書価についても、ひとり新刊書ばかりでなく、古書についても同様に知らなければならない。要するに、図書についての一切の知識をである。

3 問題の図書

以上は、ドゥルーリー (Francis K. W. Drury) による一般的原則であるが、図書館の読者のうちには、多くの生はんかの革新家があり、反動家があり、自由主義者がいる。しかし彼等は、図書館で読書した結果、そうなったのではない。「生煮え」の図書は、図書館の外で読まれるべきものであって、図書選択の基準によれば、普通これらの「半熟」の図書は、図書館の書架に配列せらるべきものではない。

もしこれらの図書が図書館に備えられていたとすれば、それは一層望ましい図書が書架から押し出され、はみ出しを喰わされなければならなかった結果である。

われわれは人間生活の過程において、多くのよいもの、すぐれたもの、つまらないもの、平凡なものに出会う。そのように、図書の選択に当たって、良書については、実際にそれ自身に多くの注意を払うし、つまらない図書については、選択の基準を厳重に適用して排斥するが、その境界線上を彷徨《ほうこう》している平凡な図書については、それぞれ意見がちがう。もし書評がこれを賞讃し、読者の要求がこれを保証するならば、これを図書館の蔵書に加えても差しつかえはない。しかしながら、それにもかかわらず、その購入を延期しても別に手落ちとはならない。**観望政策**もまた時には、図書選択の最もよい方法となることがある。そしてもし、それらの図書が図書館の蔵書に追加されたのち、責任のある読者のうちに、不都合であるという世論が高いことが分かったならば、その利用を制限したらよいのである。またもし疑問の余地のある図書が評判になったとすれば、その利用制限の問題は切実なものとなるが、しかしそれは一時的の現象にとどまることもあるであろう。つまらない平凡な書物は、やがて間もなく忘却のうちに葬り去られ、一時的の生命しかもたないものとなるであろう。仮りに相当の期間それが続いたとしても、やがては読者から離れ去られるにちがいない。読者の趣味に訴え、読書能力に適した図書のみが、あとに残ることとなるであろう。

貧弱な図書は、いろいろな理由から、図書館の目的には価値のないものといえるであろう。事実の叙述が不明確であったり、時には誤謬に満ちているため、その有用性を欠くばあいがある。また文体が粗雑であるため、文学的価値が不足していることもある。趣味の低いもの、反感を刺激するようなものは排斥しなければならないばあいがある。しかし真面目に問題をとりあげ、これを芸術的に取扱い、その上に本質的な価値が備わっておれば、枝葉末節の問題は論外としてよいばあいがある。

不道徳であるとか、反道徳であるとかいう理由から、図書を排斥し非難する人々がある。しかしその不道徳といい、反道徳というのは何を根拠とするのか。誰が決定するのか。図書の選択者は、倫理・道徳についての権威者ではない。図書が読者の心理に及ぼす影響は、誰が判定することができるのか。読者にある種の結果をもたらす動因は、非常に多種多様である。図書館は道徳を教えることをしてはならない。図書館は図書を備えつけるが、それらの図書は、読者自らに道徳を学ばさせる助けとなる手段であり、道具なのである。道徳か不道徳かを測定する唯一の健全な基礎は、著者の**著述目的**と、その**態度**であるといえるであろう。著者は精神的昂揚を目的としているのか。それとも堕落を目的として筆を執っているのか。善へ導くつもりなのか。美を刺激するためなのか。悪を奨励するためなのか。例えば小説の主題は、道徳・不道徳を測定する標準とはならない。人生のあらゆる広い範囲にわたって、小説の題材とならないものはない。ただ題材のとりあげかた、表現の方法が、その作品を立派な傑作とするか、完全に失敗させているかの岐路となるのである。図書の選択は道徳的とか不道徳・反道徳以外の根拠、すなわち内容の価値、読者の要求、その予想される利用、図書費の制限、図書の外形的物理的条件、等によるものである。

B　読者についての分析

1　地域社会

図書館の根本目的は、図書をもって地域社会のすべての人々に奉仕することである。公共図書館はその所在している市町村の全住民を、学校図書館はその学校に関係あるすべての人々を、その他の図書館にあっては、そこに出入して図書館を利用するお客さんたちを、奉仕の対象となる地域社会と考えなければならない。しかも、これらの地域社会の人々の関心をもつ主題は、ほとんど際限のないほどに広汎なものなのである。

まことに遺憾なことではあるが、世間の多くの人々にとっては、図書館は書物を収集し、貯蔵してある倉庫のように映じているかも知れない。しかし図書館はダイナミックな組織であって、図書を通じて文化的奉仕をなし、一人の読者を、一つの村落を、一つの都市を、以前にもましてよりよくし、より幸福にする高い機能をもつものである。図書館職員は、地域社会とそのうちに含まれている、いろいろな階級・団体はもとより、個々の男女にいたるまで、現実に読書するものも、読書をしないものも、これに深い関心を寄せ、図書館奉仕の対象であるか否かにかかわりなく、彼等が図書についてもつと同じ情熱を、これらの人々に抱いており、そして図書館の建物の外には、図書館奉仕を待ち望んでいるものが、多数にあることを知っていなければならない。

ワインクープ（Asa Wynkoop）のことばに――過去の図書館職員は、図書を（多く）もつことに誇りと満足とを感じていた。現在の図書館職員は、図書館に登録された読者の数と、図書館が貸し出した図書の数にほこりをもつ。しかし明日の図書館職員の誇りとするところは、図書の利用を通じて図書館が、積極的に教育と文化とを推進させるのに役立つことであるだろう――と。永いあいだ、図書を利用させるために、図書館技術の改善に精力を注いで来た図書館職員が、図書を利用する人々――それが地域社会であれ、いろいろな団体であれ、また個人の読者であれ――を研究し、彼等の図書および図書館に対する考えを学びとり、図書館本来の使命に想いを致すこととなったのは、むしろ当然な論理的結果というべきであろう。地域社会が何をなし、何を考え、何を望んでいるかを知り、かつ理解することにより、図書館奉仕を豊かにし、強化することが、図書館職員のアンビションである。

地域社会はそれぞれ特色を備え、個性をもっている。一つの町と他の町とをくらべても、地理的環境がちがうばかりでなく、町の気風・気分・性格の相違が認められる。このことは、一つの都市のちがった地区についても同様である。人口密度・職業・生活程度・教育状態・文化施設・団体組織・宗教的影響についてもちがいがある。図書館は地域社会において、大きな勢力とならなければならない。その勢力は、図書館が地域社会との接触を密接にすることによってかもし出される。図書館の職員は、読者と親しく個人的つながりをもつことにより、彼等が何ごとに関心をもっているかを理解する喜びを感じ、新しい主題の新しい図書が、新しい読者の手に渡され、知識と技術と慰安とが、家庭に職場に入ることに前足をおぼえ、図書館内部の実務が円滑に進行していることを知るのである。図書館奉仕の機能は、より多くの人々が、よりよき図書を、より多く読むことにより、彼等を助け彼等に役立つことである。こうして数百・数千・数万の人々と書物とが、毎年図書館を中心に交換され、普及してゆくのである。図書館の職員は図書を知ると同時に、読者を理解し、読者を尊重し、弘報活動を通じて、図書についての知識を、広く読者に周知せしめなければならない。

2　読書の要求とその価値

地域社会の人々は図書館に対し、読書したいという要求（demand）をもち、図書館はその要求に応じ、彼等の読書意欲を満足せしめなければならない。それは人間の本能に深く根ざすところの社会的要求だからである。ここに読書の要求は、図書の選択を支配する大きな要素となる。マッコルヴィン（L. R. McColvin）は、読者の要求を、（イ）価値と、（ロ）分量と、（ハ）種類とに区別し、それぞれの立場から、図書の選択を検討している。およそ図書館に対する読者の要求は、各個人が（1）物質的、（2）知的、（3）道徳的、（4）社会的発展を目的として、人間的努力の（a）目標と（b）範囲とによって制約されるものである。すなわち物質的生活においては、衣食住の改善・合理化により、生活内容を豊かに発展させることであり、知的生活においては、民主主義国家の市民としての知性を伸ばし、政治・経済・社会・学術・文化のあらゆる問題を解決することに役立つことである。道徳的生活においては、是非・善悪・正邪の観念をうえつけ、その判断を誤らないように養い育てることであり、社会的生活においては、職業的改善・生産技術の進歩・労働条件の改良を目標とするものである。

これらの目的を達するため、人間的努力に価するあらゆる人間の活動は、これを拒むことのできない、筋道の通った正しい要求といわなければならない。公共図書館なり、学校図書館なり、その他の図書館は、読者の要求が、その図書館の設立目的の限界内にあると認容せられるかぎり、それらの要求は図書資料によって代表され、図書館の蔵書を構成しなければならない。読者の要求が正当であるかぎり、そこには何らの制限もないわけである。図書館は人間の進歩発達を目的とする人間的努力の、あらゆる部門を養い育てるため、すべての読者の、あらゆる種類の要求を、その選択した図書に網羅することが正当な機能であるとし、これを果たす役割をもつものである。

しかし、これらの要求は、それが正当で筋道の通ったものであっても、その価値と分量とにおいて相違がある。小説を図書館に備えてほしいという要求がある。しかし、どの程度に、どの範囲に、小説を備えるかが問題なのである。また美術の図書、音楽の書物を備えてほしいという要求がある。これもまた、どのような比率で備えたらよいのか。それが問題なのである。それは、それらの主題なり、文学形式の図書がもっている人間の生活における地位を、広い見地から理解して、はじめて満足する解決が得られるのであって、単にその主題なり、文学形式のもつ功罪とか、善悪——例えば小説は悪い、音楽書はよい――によって、その価値を断定することはできないし、またしてはならないのである。

われわれは、小説のもつ現実的価値は何であるかを判定し、小説のもつ価値と、他の主題、例えば音楽書のもつ価値とを比較し、それによって小説の図書館における蔵書構成の比率と、他の主題の図書の比率とを決定して図書を選択しなければならない。そして二つの主題、あるいは二つの文学形式の価値を比較するに当たって、われわれは共通の評価基準をもたなければならない。すなわち二つの主題を判定する共通善（common good）の標準である。われわれは種類のちがった主題に適用できる共通の評価基準を求めて、それをこれらの主題が人間性（humanity）に、どれだけ役立ちうるかの**有用性**にあると見るのである。むろんこの基準だけで、あらゆる種類の主題を評価することは不可能であろう。しかしもし読者の要求が、図書を選択するときの支配的要素であって、その要求を評価しなければならないとすれば、そこに何等かの仮定的観念をつくり、二つの主題の**相対的価値**について、図書選択の基盤をもたなければならない。そうでなければ、主題に関する主観的判断――例えば小説はわるい、哲学書はよい――によるか、要求の分量――例えば小説は百人が要求している、哲学書の要求は五人しかない――によるほかはない。しかしこれらは実際に、好ましいやり方ではない。公共図書館に対する読者の要求が、現実に小説が70％であったとしても、その図書館の非小説（non-fiction）の蔵書構成は、30％でよいとはいえないであろう。

3　要求の分量（volume）

地域社会が図書館に対してもつ読書要求の総量とは、地域社会のすべての人々が、図書館を利用し、図書館がまた、これらの人々に提供することのできる、すべての種類の図書資料をいうのである。こうして図書館奉仕は、はじめて地域社会の要求を満足させることができるのであるが、それは一種のユートピアに過ぎない。実際に図書館が、地域社会の読書要求を満足させている分量は、この総量の十分の一、ないし百分の一であるに過ぎない。それはいろいろな制約があるからである。

読者の要求は、これを（1）**現実の要求**と、（2）**可能の要求**（possible demand）とにわけることができる。後者は教育が普及し、読書大衆の読書能力が発達すれば、新しい主題に対する読書の興味を刺激し、読者の要求を成長させ、図書館の援助に依存する程度が増大し、現実の要求に拡大することとなるであろう。つぎに要求は、（1）**表現された要求**と、（2）**表現されない要求**とにわけることができる。表現された要求とは、（イ）図書館がすでに備え付けて提供している図書資料と、（ロ）まだ図書館に備え付けられてはいないけれども、備え付けてほしいという要求とである。図書館の投書箱・請求簿に記載される要求は、これに属する。（ハ）しかし読者のうちには、現実に図書館を利用しておりながら、実際に、その読んでいる図書は、正確に、その要求を満たしておらないが、これに代わるものとして、無意識に利用し、必要を満足させているものがある。例えていうならば、正確には「めし」を喰べることを要求しておりながら、現実には「そば」を喰べ、「パン」を喰べて必要を満足させ、「めし」の栄養価値を問題にしていないものがある。それと同じように、正確には要求と合致していないので、その読んでいる図書は、読者の側から言えば、価値は減ずるかも知れないが、図書それ自身は、価値のあるものであるに違いない。以上述べたところにより、われわれは、図書館奉仕に対する地域社会の表現された要求を知り、これを図書選択の手がかりとするのである。

表現されない要求というのは、図書館が地域社会の人々に対して、なしうるすべての図書館奉仕をふくむものである。人々はそれらの奉仕が、（ニ）図書館のなすべき義務であることを意識していないためか、（ホ）あるいは図書館奉仕の機会を無視しているため、読書の要求を表現しないのである。また前に（ハ）で述べたように、正確な要求を表現することが困難であるため、価値はあるが、代用食的図書で満足している現実の読者階級の要求も、このうちにはいるのである。もしこれらの人々が、図書館奉仕を切実に欲するならば、それによって図書館に対する興味が加わり、自分の生活なり、他人の生活にも深い関心がもたれ、やがて有用な要求となって表現されうるものをいうのである。

地域社会の読者が興味を感じ、関心をもつ要求は、図書館の記録に反映し、また図書館職員の個人的接触により、あるいは地域社会の調査により、表現された要求はもとより、表現されない要求も把握することができる。（1）ある特定の図書がしばしば貸し出されることは、その図書の属する主題に対する要求の多いことを示すものである。その特定の図書について言えば、読者の要求の範囲は、その主題に対して外延的であるのにくらべて、その特定の図書の範囲はむしろ狭く内包的である。（2）しかし余りしばしば貸し出される図書は、特殊な要求に対して、全く適当していないことを示すばあいがある。例えば、仮りに、二週間の貸出保留期間をまたないで、それが短時日に返納されたとしたら、多くの読者は、その書物にザット目を通しただけで、不適当の書物だと思ったのかもしれない。しかし結論を急いではならない。読者はそのうちの一章、あるいは数章を参考したのであるかもわからないから。(3)貸し出しの少ない図書は、(イ)その主題に対する要求が大きくないためか、あるいは(ロ)個々の図書がすでに時代後れであったり、汚損していたりするからである。同じ主題の図書をすべて比較し、あるいは新しい図書を加え、貸出不振の原因が、どちらにあるかを明らかにしたらよい。(4)違った種類の貸出図書を比較すると、違った種類の要求を知ることができる。(5)読者の研究のあとづけをすると、初歩的の図書と、高度の図書との中間が空白であって、その空隙を充たす図書を備えていないので、読者の要求が伸びないという事実を見出すことがある。

4　要求の価値と分量との相関性

図書選択の一般方針としては、これまでに述べた要求の価値と、要求の分量とを一しょに考えなければならない。要求の価値と分量とは、それぞれ別個に判明しているし、また別個に評価しなければならないが、これを図書の選択に適用するとして、実際に図書数として表明させる基礎としようとすれば、価値と分量とを共に考慮しなければならない。

要求の分量だけが、図書選択の指数となるものでもなければ、要求の価値だけで、図書選択の評価が決定されるわけでもない。要求の価値は分量に関するかぎり、ほとんど意に介するものでないかも知れない。例えば中間子理論というものに、誰でもが興味をもつわけでもなく、かりに興味をもったからといっても、誰でもが正しく理解し得られるものでもない。しかし理論物理学の立場から言えば、その主題価値は大きいのであろう。しかし、だからといって、このばあいに、その価値だけ考えて、公共図書館が中間子理論に関する図書を選択したとしたら、その提供する図書は、ほとんど利用されない結果となり、図書館奉仕の価値と分量との相関性は、きわめて微小に低下することとなるであろう。

同じように、『パチンコ上達法』というような図書に対しては、読者の要求する分量が大きいかも知れないが、きわめて僅《わず》かな価値しかもたないものである。そこで図書館としては、主題価値は非常に高いが、少しも利用されない図書を備えてはならないように、人気のある、流行を追う無価値の図書だけを備えてはならないのである。いずれのばあいにも、要求の価値と分量との相関性を考慮して、図書を選択しなければならないのである。

その方法としては、図書の取扱っているそれぞれの主題に、できるだけ可能な範囲で、その相対的価値を示す指数を与える。同様にまたその主題に対する読者の要求量を、同じく数字をもって代表させる。もちろんこのばあいに、実際の数ではなく、比例数であることはいうまでもない。そしてこれらの両数を乗じたものが、図書の代表数となるのである。

例えば、Ａの主題価値が10であり、Ｂの主題価値を1とし、その要求量がそれぞれ6であるとすれば、比数は60と6となる。もし要求量が、Aの6に対して、Bが72であるとすれば、その比数は、Aの60に対して、Bは72となる。これは説明の便宜のために数式をあげたのであって、これが実際に図書を提供するばあいの助言に役立つわけではない。マッコルヴィンは、この数示は要求を適正に示したものではなく、衡平《こうへい》の原則を示しただけだといっている。実際の要求量は、BがAよりも、十倍も二十倍も多いかも知れない。すなわちAに対しては、一冊の図書でよいけれども、Bについては、五冊も十冊も必要とするときがある。

それならば、明らかに価値ありと認められる図書の要求分量を、増加するような刺激を与え、要求の価値をふやす方法はないものであろうか。現実の要求――読みたい本――と、望ましい要求――読ませたい本――とは、区別しなければならないのであるが、このばあい、唯一の正当な、満足すべき方法としては、主題Aと主題Bとが、ともに、要求の価値と分量との相乗積が、同じ比数を示したとき、望ましい要求――読ませたい本――の実数に1を加えるのである。こうすれば他を犠牲にしなくとも、読者の欲望・趣味・条件を改善して、読書の要求が進歩したこととなるのである。新しい読書の要求が創造されるのは、現実に読者の要求が満たされたのちに、はじめて現われるのである。

5　要求の種類（variety）

要求の種類は、地域社会の人間の性質、ならびに人間の能力から発生するものである。またある主題に対して、いろいろな観点から生ずるものである。「蜜蜂の生活」を取扱った図書は、その種類から言えば、通俗的か科学的か、そのいずれかでなければならない。あるいは実際的か理論的かの両種となるであろう。そして動物学者や学生は、科学的・理論的に書かれた「蜜蜂の生活」についての図書を要求するが、児童生徒や養蜂家は、通俗的・実際的に書かれた図書を要求するにちがいない。

さらに主題もまた、主題に対する要求に、それぞれ種類のあることを示している。原子力の問題は、現代の世界人類にとって重大な関心事であるにちがいない。しかしこれを読書の研究題目とするには、一般に誰もがこれに興味を感ずるとは言えない。しかし「金魚の飼い方」については、問題は極めて小さいけれども、あるいは、かえって多くの人々の興味をひき、かつその文献も、あるいは相当にあるかも知れない。もし公共図書館が、主題の重要性に比例して蔵書構成をしたら、原子力に関する図書は、ぼう大な数に達するが、「金魚の飼い方」については、数十頁のパンフレットで事足りることとなるであろう。

そこでマッコルヴィンは、図書選択の第一原則として、図書館の蔵書は、地域社会の要求に比例して、普遍的網羅的でなければならないが、主題（価値の重要性）に比例した普遍的網羅的集書をしてはならないと戒めている。ここにいう**普遍的網羅的**（comprehensive）とは、決して完璧とか、完全という意味ではない。ランガナタンがいっているように、「図書館は、成長してゆく一個の有機体である」（A library is a growing organism）のだから、その蔵書構成が、完全の域に達するということは、実際に不可能である。特別集書――機械工学とか、捕鯨とか――については、あるいは完全に近いものが

蔵書構成配分比率

	0	1		2			3	4	5	6	7	8	9	F	E	
	総記	哲学	宗教	歴史	伝記	地誌記行	社会科学	自然科学	工業	産業	芸術	語学	文学	小説		
A. L. A. 目録 1893	4	2	4	15	12	8	8	7	5		4	2	14	16		
A. L. A. 目録 1904	1.9	1.9	4.2	13.3	13.5	9.1	8.0	6.2	60		4.7	1.6	13.4	16.3		
A. L. A. 目録 1926	2.2	2.8	3.5	8.6	9.6	9.8	11.4	4.3	92		9.6	1.4	14.4	13.6		
Williams	5	3	6		24		7	10	9		8	3	25			
Brown-Sayers	3	4	5	8	8	8	7	9	9		7	4	28			
Dana	4	1	2	13	9	9	10	9	6		4	4	12	20		
Douglas (小)	2	0.5	1	12.5		12.5	5	8	5		3	0.5	5	20	25	
Douglas (高)	2	1	1	11	9	7	8	10	10		5	1	15	20		
Bonny (貸)	0.2	2	2	11	5		5.5	3.5	7		美 6.3 音 2	0.5	10	45		
Bonny (参)	12	3	5	21	6		10	7	11		美 4.4 音 10	2	13			
小学校	5	2			15		9	13	5	5	5	2	20			絵本その他19
中学校	7	3			14		10	15	5	5	7	5	29			
高等学校	8	5			13		10	15	5	5	7	7	25			
天理高校	9	7			5		5	15	1	1	4	4	12	20		(1948)
伏見中学校	8	1.5			13.1		18.3	15.9	3.8	3.3	8.9	5.8	21.4			(1951)
紫野高校	9.9	3.8			14.5		11.2	10	2.6	1.4	5.8	6.2	34.6			(1953)
日本出版率 1947	1	8.4			4.3		19.7	9.0	5.1	5.4	7.0	2.3	37.8			児童図書全体の12.7
米国出版率 1947	2	10			20		9	12	6.5	3	5.5	2	32			児童図書全体の10

第 6 表

期待されるかも知れないが、特別集書以外のものに、完全を志向することは、どんな図書館であっても、それは賢明で健康な計画とは考えられない。

普遍的網羅的であるということはまた、「均整のとれた集書」という意味でもない。図書館が主題について、均整のとれた比率の蔵書構成をもつことは、過去においては高く評価され、理想的であると考えられ、勧奨された時代があった。しかし理論的にいって、主題の均整のとれた蔵書構成は、不可能であり、不必要でもあり、また望ましいものでもない。ただしかし、特別のばあいには、図書館の蔵書比率が、ある程度に均整のとれていることが、その図書館の価値を示すものである。新規に図書館が発足するとき、あるいはまた、新しく設けられた分館のために、その蔵書構成の計画に当たるときには、ある程度に蔵書比率の均衡が考慮されなければならない。それは同時に、直接の読書要求にばかり気をとられて、それを満足させるために、現実に要求された図書を受け入れることに急なる余り、地域社会の表現されない、従って図書館としては把握することの困難な要求を無視し、軽視する傾向を生ずるあるばあいに、その反省をうながし、注意を喚起するために役立つものである。

6　読者のための図書選択方針

以上、いろいろと述べたところにより、地域社会の最も多くの人々のために、図書を選択するばあいの一般方針として、つぎのことがいえるであろう。

（1）虚心坦懐《きょしんたんかい》に、図書館奉仕の対象となる地域社会を研究して、その必要としているものを充足するように努めると同時に、要求欠乏の病源がどこにあるかを診断し、これを満たしてやるように導かなければならない。この研究には、図書の知識が図書の選択に必要であると同様に、地域社会の人々についての知識をもたなければならない。図書の選択者は、できるだけ広く、個人的な知人関係の範囲をもち、各種の団体にも参加し、接触の度あいを多くすることはもとより、図書館の記録（借受登録者の職業・年齢・性別）を調査研究し、社会調査によって地域社会の一般的要求を解釈する。

（2）図書選択の計画を定め、これによって地域社会の要求を満足せしめるとともに、その知性を発展・向上させ、地域社会の組織的知識の分量を、増大するように仕向けなければならない。

（3）図書の選択は、読者のためにするのであるという鉄則を忘れてはならない。もし一冊の図書が、ある読者に役立ったとするならば、その図書は他の人にも役立つ書物であるにちがいない。もしある図書が、ある読者に害を与えないとすれば、その書物が他の読者に害を与えるであろうと仮定することは、僭越《せんえつ》といわなければならない。またもしある図書が、「すぐ」にある読者に必要であるとするならば、同様にそれを「すぐ」手にしたいと希望する読者が、他にもあるにちがいない。要は読者の立場を充分に理解して、図書選択をしなければならない。

（4）実際に図書館を利用している人々のために、図書を選択するのはもちろんとして、同時に潜在的読者のためにも、図書館は図書を備えなければならない。現実の読者の抱いている一般的特殊的要求は、できるかぎり満足させると同時に、潜在的読者の要求を予想して、その要求が提起されたばあいには、直ちにこれに応じることのできるような用意がなければならない。

（5）あらゆる団体、あらゆる階級、あらゆる職業、あらゆる事業に奉仕できる、あるいは一切のレクリエーション――釣り・将棋・囲碁・素人写真・麻雀など――をふくむ図書をもって、地域社会の人々の関心と趣味とを展開させるように導くべきである。

（6）現実に要求のない図書、要求の予想されない図書は、これを受け入れてはならない。ただし古典・標準的図書はこの限りでない。古典は民族の知的生活をつらぬく原典であり、バックボーンである。

（7）不当な要求を強請するものは、これを避けたらよい。好事家・郷土史家の要求は、権力者のそれのように悪質なものでないにしても、婉曲に辞退することが安全である。これに対して、自分の要求をハッキリと表現できないもの、表現することの困難な図書館のパトロンの要求は、これを認めてやらなければならない。世間には臆面《おくめん》もなく、その欲望の満足を要求し、その趣味・娯楽の是認を主張するものが少なくないが、要求を控え目にしているものも、その要求を認めてもらう権利がある。

（8）図書費の許すかぎり、特殊の専門家・研究者なり、あるいは地域社会の指導者たちのために、図書を備え付けることを心掛けたらよい。

（9）全集・叢書・文庫などを全部とり揃えて備え付けるとか、ある主題について、完全な集書をつとめるなどのことは、してはならない。実際にそれが効果的で、かつ必要であると納得できるまでは。

C　図書資源の経済的・効果的利用

1　図書館の予算と図書費

図書館経費の予算は、図書館の経営を維持継続できるように、適正に編成されなければならない。そして図書資金の額もまた、不要の図書を廃棄除去し、新しい要求を補充し、図書の差し替え(replacement)ができるものでなければ、図書館の蔵書をアップ・トゥー・デイトにして、地域社会の満足をかうことは困難である。

和田万吉博士[2]は、わが国の図書館予算をイギリスおよびアメリカのそれと比較し、イギリスでは図書館職員の給料が、他の精神的勤労に従うものの所得より、はるかに低率であるので、その向上を叫んでいる。アメリカでも図書館従業者の給料の低いことを愁訴《しゅうそ》しているが、イギリスよりはやや厚く、日

2　和田万吉著　図書館管理法大綱　大正十三年　p・192。

本よりははるかに高いのである。わが国では図書・雑誌費は比較的に高率で、給料は非常に低い傾向が、すべての図書館に通じて見える。これがために食物が多きに過ぎて、消化がこれに伴わず、ついに食滞病に罹る人の観をなすというておられる。近来わが国の図書館職員も、人並の給料を受けるようになったのであるが、その半面、図書館資料に充てられる費額は、きわめて低率であって、人件費が図書館総経費の42%ないし45%であるのに対して、15%ないし22%見当であるやに見うけられる。図書費がこのように低率である結果、図書館が充分な栄養が得られないで、栄養失調に陥っているものと見られ、その活動が低調で、鈍いのもそれを証明するといってよい。[3]

3　都道府県立図書館の人件費と図書費との比率

	一九五〇	一九五一	一九五二	一九五三
人件費	44%	42%	42%	45%
図書費	22%	20%	15%	16%

昭和二十六年度決算による図書館経費の額と比率（抄）

	総額	人件費	図書費
宮城県立	五、四七八（千円）	三、一一七（57%）	一、三一〇（24%）
秋田〃	五、七五六〃	二、九三四（51%）	一、四九〇（26%）
千葉〃	一〇、三三七〃	三、九四九（38%）	二、二八二（22%）
東京都立日比谷	一六、一八九〃	一二、一八七（75%）	一、九〇四（12%）
横浜市立	九、二六〇〃	五、三八八（58%）	二、〇五九（22%）
新潟県立	八、一二五〃	三、一九七（39%）	一、六六七（21%）
長野〃	六、五七〇〃	三、〇五六（47%）	一、六〇〇（24%）
静岡〃	四、三七七〃	二、四五九（56%）	一、一〇〇（25%）
京都府立	一三、八〇一〃	六、六二九（48%）	三、三四一（24%）
大阪〃	二四、〇九一〃	一九、六五〇（82%）	四、四〇〇（18%）
神戸市立	一一、七三八〃	九、五四八（81%）	一、〇六四（9%）

アメリカの公共図書館は、だいたい図書費を25％と見積っている。これを人口一人につき一ドルの図書館経費の標準から割り出すと、人口二万の図書館では、総経費二万ドルに対して、図書費は五千ドルに当たる。また別の計算方法によると、千冊の貸出図書に対して、二十八ドルを割り当てることとなっているので、人口一人当たり借受図書平均八冊として、人口二万の都市では一年間の貸出図書は十六万冊となり、図書費は四、四八〇ドルとなる。これらの二つの方法をもって、図書館奉仕の対象となる人口数と、貸出図書の冊数との関係から帰納して、図書費の大体のワクがきめられたことと思う。

アメリカの図書館の習慣をみると、図書費は中央館と分館と各種の部門（departments）とにわけているようである。そして中央館と分館との割り当て図書費のうちを、さらに参考図書・一般図書・小説・複本・差替本・定期刊行物（新聞雑誌）および製本費に区分している。そして美術部・工業技術部などの特殊部門は、さらにこれらの割り当て図書費のうちから、それぞれの図書費が指定される。児童図書室もまた、別途の割り当てがなければ同様の指定額をうけるのであるが、ある図書館では、これらの図書費を指定する前に、貸出図書数の実績を基礎として、成人部と児童部とに区分して図書費を割り当て、更にこれを参考図書・一般図書・小説などにわけているところもあるという。

図書の選択者は、図書の購入に使用できる費額を常に知っていなければならない。図書費の不足は、図書館の内外にある熱心家を知らず識らずのうちに束縛するものであって、この書物を買えば、あの書物を手に入れることができないのである。そこで全体の図書費のことを考え、つぎに、そのうちから、それぞれの部門と主題との割り当てに注意しなければならない。もちろんその費額は、図書館によって相違しているし、ことに特別図書購入基金があったりすると、いよいよ複雑になる。まず現在の図書館の蔵書構成から出発して、どの部門に、どの主題に、特に力を注いで発展させるかを考えなければならない。通常図書費は、公共図書館にあっては、図書の利用貸出の記録に基づいて、これを割り当てるのを常習とすべきであろう。図書の選択者は、図書費の現状を常に知っていて、既に支出された額と、これから使用できる費用の数字を基礎に、図書の選択をしなければならない。

2　外部の図書資源

図書館は無駄のない、精選された蔵書構成に誇りを感じてよい。しかし地域社会が関心をもつ主題には厚薄《こうはく》があり、図書利用の頻度にも大小があり、図書費にも多い少ないがあり、従って図書の選択は自から制限される。その上、他の図書資源との提携・協力によって、図書の選択・購入を制限したらよいのである。その図書館が、その地域社会で、また世界で、唯一無二の図書館だと考えるのは自惚《うぬぼ》れである。近い他の図書館にあったほうが、むしろ適当であると思う図書は、自館には備えないで、そちらへ推薦したらよい。また稀にしか利用されない図書は、かりに要求があったとしても、その購入を拒んだらよいのである。よくよく必要のあった時には、他の図書館から借り入れるようにしたらよい。図書館は手近のところに、すぐれた個人の蔵書家なり、あるいは特殊専門図書館があれば、稀に発生する要求に応じてもらえるであろう。図書館長はこれらの特別集書についての知識をもち、他の図書館と無益な競争をすることを避け（特別に必要のあるばあいはともかく）、現在あるものを利用することを心掛くべきであろう。

a　図書館の相互貸借（inter-library loan）

図書館相互の図書貸借については、前にも述べておいた。市町村の小図書館は、都道府県立の中央図書館に対して、その僅少《きんしょう》な図書費では賄いきれない図書を一時利用することを求めたらよい。あるいは附近の大図書館の好意ある協力によって、貸出文庫・巡回文庫として必要な図書の貸出を求めたらよい。本当にライブラリアンシップを体得した図書館長であるなら、むげにこれを拒むことをしないはずである。だが、しばしば利用される図書は、一般原則として貸し出すことはできないし、普通これが貸出を要求してはならない。特殊な主題の図書については、図書館相互の貸借が望ましい。しかし図書館相互の貸借は、無制限であり得ないのではあるが、すでに記したように、わが国においては、国情から言っても、もう少し自由で窮屈でないことが望ましい。同時にそこに、重複を避ける問題が自然に生ずるのである。

b　不必要の重複

二つ、あるいは二つ以上の図書館がある都市では、図書館相互の協力提携が必要である。それぞれの図書館がうけもつ分野なり主題について、正式に契約を結ぶこともできるし、また非公式に紳士協定にもとづいてもよい。余り多く利用されない主題については、不必要な重複を避けたらよいが、協力提携の範囲は、自からその関係図書館に要求される奉仕の限界によるものである。普通には、利用される頻度の高い図書は、重複もまたやむを得ないが、中心部を離れた周辺の図書館においては、これらの契約が効果をもたらすものである。

その一例を示すと、コネチカット州ハートフォードでは、コネチカット歴史学会の図書館が系譜学、郡市町村の郷土史、重要記録の収集に力を注ぎ、ワトキンソン（Watkinson）参考図書館が学会の出版物と、高価な美術書・建築関係図書の収集に重点を置き、法律・医学・神学に関しては、コンネチカット州立図書館・ハートフォード郡区法曹図書館・ハートフォード医学会・ハートフォード神学校がそれぞれ責任を負うている。これらの分野における集書の重点主義は、きわめて自然に行われているため、特別な形式的約定をとりきめる必要はない。

シカゴではこれを正式に決定し、歴史・文学・系譜学の図書は、ニューベリー（Newberry）図書館に主としてこれが収集を委ね、工学と科学（社会科学・理化学・自然科学・応用科学をふくむ）はジョン・クレラー（John Crerar）図書館に、美術書は美術学院（Art Institute）に、郷土史はシカゴ歴史学会にそれぞれ集書をまかせ、公共図書館はすべての部門にわたって広く図書を収集をするが、特別の分野については集約的（intensive）に手をつけることをしない。

図書館相互の協力扶助体制は、ひとり郷土的・地方的都市ばかりでなく、これを地区的（regional）にも国家的（national）にも拡大強化したらよい。ことにアメリカよりも貧乏なわが国では、これを国家の政策に織り込むべきであろう。図書館の建物は、その図書収容能力が限定されていて、容易にその拡張を許さぬ状態にあるのだから、ある特別な主題に関する網羅的集書は、これをある特定の図書館の責任にゆだねたらよい。そして利用者はそれぞれ、それらの特殊・専門図書館について、資料を充分に探求することとする。他の図書館は現実に必要な図書を中心とし、その図書資金の余力を、契約により信託された特殊集書に投ずることが望ましい。特に高価な外国の学術図書・科学的定期刊行物については、地区的にまた全国的に、各図書館が協力して、要求の生じた時と場所とに、これを提供したらよい。こうすれば個々の図書館における図書選択は、ある部門についてはエキステンシヴとなるが、また他の部門についてはインテンシヴとなり、全体的に見るならば、効果的な奉仕をすることとなるであろう。

3　図書費使用の弾力性

最も少ない費用で、最もよい図書を、最も多くの読者に提供するためには、上に述べた方法のほか、あらゆる手段を考えて、常に不足勝な資金を活用しなければならない。年に一回ないし二回行われる特別売出し——新本特価市——というのは、いわゆる「新刊書のダンピング」であって、出版社の生産過剰、あるいは倒産書店の投げ売りで、サラリーマン階級の懐をねらうものであるが、時として図書館が買いそこねた善本があり、ベスト・セラーズの差し替え本を発見することがある。遊休図書の寄贈を求めることも蔵書の充実となり、保管転換による複本の交換も考えられる。パンフレットの形をもった特別資料が、案外に無料あるいは低い価格で手に入ることができて、かえって時宜に適する

(timeliness) ばあいも少なくない。しかし適当な図書館奉仕をしようとすれば、勢い急いで注文を発しなければならないこともあり、比較的高価であるが、特別に必要な図書を手に入れなければならない時もある。適当な時期に、適当な読者のために、その要求に応じようとするならば、費用と時間とを超越して、適当な図書と思われるものを購入しなければならないことがある。弾力性をもった図書資金の利用こそ、図書の選択者が、慎重で細心に考慮すべき点であろう。

最少の費用で図書を選択するばあい、一般方針として考えられるのは、つぎの諸点ではないかと思う。

(1) 郷土的・地区的・国家的協力によって、図書資源の能率化・合理化をはかり、費用の節約をはかること。そのために全国的な運動の助長発展を計画すること。

(2) 図書を選択・注文する前に、その図書を購入することにより、他日、より強い要求が生じ、よりよい図書を購入する機会を図書館として失うことはないかと、一応反省してみること。

(3) 予算の範囲にとどめること。いつでも図書費の支出できる額を承知しておき、あらかじめ定めた割り当て額に忠実であること。但しこれにとらわれてはならない。予算は年度によっては、最初に天引されることもあるが、また年度末になって、他から流用増となるばあいもあり、窮屈に、神経質に万事を考えてはならない。

(4) 図書館のとくに重点をおく主題、あるいは図書館の特色となるべき集書に力を注ぐこと。しかし新しい計画を立て、特別な集書に手をつけるばあいには、それが成長してゆく目算が立ち、これを維持できる見通しがついてから、着手するのが賢明である。

以上述べたところにより、図書選択の責任者である図書館長は、図書選択の機能なり、目的なり、要素なりを分析し、検討し、また研究することによって、おのおの図書館にふさわしい図書選択の方針を決定し、それぞれ実際に適正な図書の選択を行うこととなるであろう。こうして図書館を中心とする高い程度の読書が奨励され、ツマラぬ書物が図書館に備えられていないために、低い程度の読書は顧みられなくなる。思想と意見の通路はここに開かれ、人民に属する図書が人民に与えられる。

世相は流転し、思想は変化する。図書の選択者は現在の生活をとり入れ、現代の倫理道徳観を知り、変化してゆく思想を図書をもって代表させなければならない。それは時代の変化とともに進んでゆく意味であって、追従して行くのであってはならないが、しかもなお過去の理想を無視してよいというのでもない。図書の選択者は地域社会の指導者とともにあらねばならない。上品で高尚であると認められる趣味と合致し、善きものを提供し、悪しきものを排斥しなければならない。

「それは人民大衆の要求するものである」、だからこれを提供しなければならないという口実のもとに、映画にせよ、演劇にせよ、いわゆる売らんがための政策によって、いかに多くの好ましからぬ影響を与えたことであろう。図書館はその轍《てつ》を踏んではならない。すでに述べたように、一般公衆の多くは、本当に何を図書館に要求したらよいかを知らないのである。あるいはこれを表現することが困難なのである。読者がその要求に到達するまでには、いかに多くの試行錯誤を重ねたかわからないのである。彼等の要求というものが、実際にはほんの二～三人のたけりたてる声であるかも知れない。図書の選択に当たって、誰でもが俗受けをやっているのだということは、不当な選択に対する弁解にはならないのである。図書の選択者は高い理想と、現状に対する認識とをもち、図書館の基準に従い、健全な良識と知性とにより、寛大でかつ公正な図書選択を行わなければならない。

V　図書館の種類と図書の選択

A　問題の困難性

本書においては、図書館における図書の選択について、主として論攷するものであることは、すでに前にも述べたところである。読者の利用する図書は、図書館の種類により、例えば公共図書館と専門図書館とで、それぞれちがうのであるから、その蔵書構成が多かれ少なかれ相違しており、同質同種でないことは容易に理解できるのである。しかしながら、わが国の図書館はその進歩の過程において、先進諸国の図書館とくらべて後れており、また自然発生的に放任されているため、その目的なり、活動の範囲も曖昧であり、その数においても、相互の協力体制についても、なお弱体を免がれないことも前に述べておいた。したがって図書館の種類と図書の選択との相関性を考えるときに、その問題の困難さを感ずるのである。

わが国では、図書館の基準らしいものを見ることができない。アメリカの公共図書館は、これまでにもしばしばくりかえして述べたように、人口一人当たり一ドルを図書館経費の基準としている。なかにはこの基準を、はるかに凌駕している有力な図書館も少なくない。むろんこの基準に達しない微弱な図書館がないでもないが、それはそれぞれの地域社会の実情によるものであって、一応の努力目標を、そこに置いていることは疑う余地がない。わが図書館法施行規則第二章は、公立図書館の最低基準を定めている。これは図書館法第十九条の規定［編集部註・平成十一年の図書館法の改正後は、公立図書館の最低基準に関する項目は削除］により、国からの補助金をうけるばあいに必要な、公立図書館の設置および運営の最低基準を定めたものであって、もし公立図書館が、国からの補助を必要としないばあい、あるいは国からの補助を欲しないばあいは、それらの基準は実際には基準とはならないのである。

すなわち図書館法施行規則第十二条によれば、都道府県および五大都市の設置する図書館については、「国から補助金を受けようとする年度の前年度に増加した図書の冊数は、当該地方公共団体の区域内の人口百万人未満の場合は、人口一につき〇・〇〇三冊、人口百万人以上の場合は、三千冊に百万人を越える人口一人につき〇・〇〇一冊の割合で累加した冊数を下ってはならない」とある［編集部註・平成十一年の図書館法施行規則の改正後は、公立図書館の最低基準に関する項目は削除］。そして昭和二十二年度の蔵書冊数は、中央図書館（図書館令による都道府県立図書館の大部分）にあっては、人口平均一人当たり秋田・東京・石川・京都・大阪・奈良・鳥取の〇・一冊を最高として、熊本の〇・〇〇四冊を最低とし、管内人口平均一人につき〇・〇四冊である。これを一九二五年ALAの調査によれば、アメリカ公共図書館の蔵書は全人口一人につき〇・六冊で、最高はマサチューセッツ州の一人につき二・二二冊、最低のノース・カロライナ、アーカンソーは〇・〇六冊であって、わが国の平均はこれらの最低州の人口一人平均の図書数にも及ばないのである。

さらにわが国の中央図書館といわれたものは、現実に郷土的地域社会――すなわち図書館の所在する都市、例えば京都府立図書館は、その所在する京都市の読者大衆に奉仕することが多く、府下全体にわたる図書館活動については忘れられがちであったと思われる。分館の設置もごく稀で、貸出文庫・巡回文庫をもって、辛うじてその責を果たしていたに過ぎない。近年は都道府県立ならびに大都市の図書館奉仕は、やや刷新・改善のあとが見られるようになり、新しい市町村の図書館も活発な動きを示して来たが、敗戦の創痍《そうい》は容易に回復せず、戦災の余波をうけて、その前途はなお遼遠《りょうえん》なものがある。

B　公共図書館の図書選択

アメリカ図書館協会では一九二四年の調査にあたり、無料公共図書館を四種にわけ、A級は蔵書十万冊以上、B級は五万冊ないし十万冊、C級は二万冊ないし五万冊、D級は二万冊以下とした。これを大体アメリカの標準から、人口一人当たり一・五冊とすると、小図書館というのは人口一三、三〇〇人以下の地域社会にあるものをいい、大図書館は人口六六、六〇〇人以上の都市に存在するものを指すこととなる。これによって地域社会とその図書館の蔵書構成から、図書選択の方向づけが示されると思う。

1　小公共図書館

人口の少ない町村の図書館、あるいは都市の大図書館の分館（branch）・支館（sub-branch）・閲覧所（deposit station）では、その建物の面積も限られており、その郷土的地域社会の特徴——ローカル・カラー——なり、その他の条件から、図書資料の数にも制限があって、図書の選択は自然に集約的（intensive）となるものである。

小公共図書館長なり、分館長その他図書館の職員は、地域社会の要求に精通している点では、大図書館の職員が、どんなに歯ぎしりをしたところで、とうてい及ばない長所をもっている。彼等は住民との個人的接触も広く深く、人間相互の相識による親密感なり信頼感も強く、どんな書物が地域社会の要求に一致するかを十分に知っている。したがって図書の選択問題は、自然にその範囲も性質も限定されている。だから、新しい特別の読書要求が発生するまでは、図書の大部分がまた、自然に選択されているということができる。そうした理由から、広く新旧の図書を探さなければならない苦労を必要としないし、新刊の図書についても、わざわざ特別にこれを評価しなければならないということも稀である。ただある主題について、一切の個々の種類（title）について、それが地域社会の要求に合致し、役立つものであるか、ある特定の個人の利益となるものであるかを考えなければならない点で、困難があるといえば、あるということができよう。

小公共図書館の図書購入資金は、制限のある上に、それは例外なしに少額である。例えば収入の少ないわれわれの家計と同じように、生活必需品以外に多くの欲望を満足せしめるわけにいかない状態にある。それだから、図書館に受け入れられる図書の数と量が自然に決定しており、それがまた図書の選択についても、他の要素を多く考慮する必要を生ぜしめない結果ともなっている。

小公共図書館では、以上述べた理由から、図書の選択を誤るということは、余り起こらないといってよい。しかしながら一たんその選択を誤ったとしたら、それこそ取り返しのつかない、極めて重大な結果を生ずることとなる。もし利用されない図書が選択されて図書館に受け入れられ、永久に現われることのない読者を待っているとしたら、労力の上でも費用の点でも、場所の問題からも、図書館奉仕の面からいっても、そこにムダな浪費が行われたこととなる。小公共図書館における図書選択の重要性は、図書選択者の慎重を要求している。

山口県阿武郡明木村立明木図書館閲覧者台帳　第7表

部落	蓋菅				
号	257	258	259	260	
戸主名	野上又十郎	佐藤善助	石津滋	石津光蔵	
其他	次郎吉（軍人）	好松（補卒）		松之進（軍人）	
青年		良一（補卒）	房熊（中学）	武治（商卒）小野田へ	
処女			タメ子（補2）	梅子（補1）	
高2	秋子				
高1					
尋6		ハナ子		正行	
尋5					
尋4	勝	音熊			
尋3				静子	
尋2					
尋1		吉熊			

伊藤新一著　町村・学校図書館経営ノ実際（昭和六年）一〇九頁

2　大公共図書館

メトロポリタンとよばれる大都市はもとより、人口の多い都市でも、中央館一つだけで、十分な図書館奉仕を地域社会に行うことはできない。したがって分館・支館・閲覧所を奉仕拠点として、地区的に図書館活動をしなければならない。また工場・学校・文化団体に貸出文庫・巡回文庫を送り、遠心的に対外活動を計画しなければならない。そうすると大部分の図書は、図書自身が図書の選択をしてくれることとなる。すなわち中央館および分館・巡回文庫のために、多くの図書は適格性をもつものであって、図書の選択者はただ、これを承認すればよいのであるから、多くの時間と手数とをかける必要はない。

さらに大公共図書館のばあいには、特殊部門（special departments）や特殊集書（special collections）をもつことがあり――例えば大阪府立図書館には商工図書室や近松文庫がある――また大図書館はそれらをもつことが望ましい。これらに対して適当な図書を選択して手にいれ、これを強化し、これを完全に近いものとすればよい。そして以上述べた以外の一般の図書については、図書選択の原則に照らし、図書選択の基準に応じて取るべきは取り、拒むべきは排斥すればよいのである。図書の選択というよりは、むしろ不適当な図書を拒否するというのが当たっているかも知れない。そこで大公共図書館にあっては、図書の選択は自然と外延的（extensive）となる。

ひと言ここで注意しておきたいことは、大公共図書館のうちには、図書推薦団体――例えば日本図書館協会の選定図書【編集部註・前述の通り、日本図書館協会の図書選定事業は平成27年度で廃止】を無条件に注文して受け入れ、図書の選択に余り多くの考慮を払っていないという道聴塗説《どうちょうとせつ》がある。これは一面には、図書館職員の手不足――決して無能力というのではない――にも起因するであろうし、他面にはまた図書推薦団体の構成メンバーが、学識経験者・学校教師・図書館職員などのエキスパートであるので、それらの良心的な選定に信頼するためであろう。しかし図書推薦団体の性格からいうても、その選定し推薦する図書は、図書選択の価値理論（value theory）によるものである。いわば「読ませたい図書」であり、「読んでもらいたい図書」である。これに対して公共図書館は地域社会に奉仕する施設であって、地域社会の要求に応ずることのできる適書を備えなければならない。そうしたわけであるから、公共図書館は図書選択の要求理論（demand theory）に重点を置いて、地域社会の「読みたい図書」の選択が行われなければならない。従って公共図書館で無差別的な図書の選択をなし、独自の図書選択権を放棄したとすれば、それは地域社会に対して忠実な奉仕者であるとはいわれないのである。

3　中ぐらいの公共図書館

蔵書二万冊ないし十万冊の中ぐらいの（medium-sized）公共図書館は、さらに蔵書二万ないし五万のものと、五万ないし十万のものとに分けることができる。いずれにせよ中ぐらいの公共図書館は、小公共図書館のように自然に、図書選択の問題を解決することもできなければ、大規模の公共図書館のように、手を広げて、あらゆる種類の主題をとり入れる余裕もない。あるばあいには、集約的な図書選択をしなければならないこともあろうし、同時にまた、エキステンシヴな図書選択をしなければならない事情も起こるであろう。地域社会の要求に応じ、図書館奉仕を十分にしようとすれば、何を選び、何を拒んだらよいか。それを決定するために、図書の選択者は苦脳の連続を経験することであろう。

収入の乏しいものにとっては、衣食住の最低線――生命線を維持することが関の山であるが、しかしその限界に満足すれば、一応そこに生活の安定感がある。百万長者にとっては、生活必需品は容易に手に入れることができる上に、電蓄でもピアノでもテレビでも、あるいは自家用の自動車でも、もしこれを欲するならば、さして困難なく備えつけることができて、万人羨望《せんぼう》の的であろう。しかし中産階級のものにとっては、隴《ろう》を得たうえにまた蜀《しょく》を望むとすれば、そこに何らかの犠牲を払わなければならない。一方を選べば他はこれを断念するか、他日に延ばさなければならない。それと同様に、中ぐらいの公共図書館は、図書選択の理論に徹し、その基準に訴え、多方面からの助言を仰ぐ必要があり、またそれだけに図書選択の目的を達したときの喜びも、一そう大きいものがある。

要するに公共図書館では、その大きさの大・中・小により、小図書館においては**個々の図書**について選択を決定し、中図書館では**主題の発展性**について図書を選択し、大図書館では**特殊集書**について考慮を払うべきであろう。

C　学校図書館の図書選択

学校図書館は学校の飾り物でもなければ、みせ物でもない。学校図書館の一般目的と、学校の教育目標とは全く一致するものであって、図書館は学校になくてはならない一部門（an integral part）なのである。だから無差別に図書を購入することは、学校における最大の浪費である。こんなことを更めていうのは、釈迦に説法するのと同じようなもので、おかしな話といわなければならないが、偶然の機会から、特別の資金が手にはいって――例えばバザーを催したとか、映画会や運動会の売店の利益が、学校図書館の図書資金となったとき、思いつきバッタリで図書を買いこむことはないだろうか。今はむかし、二万円ほど見計らいで児童図書を送れという電報が、ある学校から東京のさる書店へついたという悲劇がある。高価な全集や叢書が、利用されないまま書架を温めてはいないだろうか。このような誘惑にかからないために、図書の選択は慎み戒むべきである。一冊のすぐれた有益な書物は、百冊の無用の書物にもまさって価値のあることを、常に忘れてはならない。

学校図書館は、どんな図書を選択して購入したらよいか。この問題を解決するために、学校長と図書館の職員――司書教諭――とは、どんな図書が学校図書館に必要であるかを、広く、深く研究しなければならない。そしてこの問題について、その学校の他の教員とも協議し、話し合う必要がおこるにちがいない。学校の教員は他の誰よりも、学校図書館に何が必要であるかを、最もよく知っている地位にあるものである。もし彼等がその地位を理解していないとすれば、学校図書館が学校という地域社会――教師と生徒（両親と卒業生・同窓生をふくめて）――に奉仕することを理解しないものであり、従って新しい教育を理解しないものとして、学校から追放されてよいはずである。教員養成の大学に、図書館学の講座が、そして講義が要請せられるゆえんは、学校の全教員に、学校図書館に対する理解と協力が、切実に要求されているからである。図書の選択には図書選定委員会をつくり、児童生徒の意見をも容れたらよい。但し断っておくが、児童生徒の意見を求めるということは、児童生徒が図書の選択に参与(participate)するものではない。図書選択の権威は、児童・生徒に存在するわけはない。彼等の勧奨(recommendation)を聴く意味である。

アメリカのウィスコンシン州では、州の教育長は、学校図書館に関して、その図書館に備え付ける図書の選択につき、助言を与えなければならない。

そして必要と考えたばあいには、そのつど、学校図書館に適した図書の書目を用意し、そのコピーを郡・区・市の教育長に、それぞれ提供しなければならないと規定している。またミシガン州では、州の教育長と州立図書館長とが共同して、学校図書館に備え付ける図書目録を準備しており、さらにテネシー州では、州の教育委員会と州の図書館委員会(Library Commission)とが、学校図書館の蔵書についての責任をわかちあっているという。わが国の教育委員会もまた、新しく興隆してきた学校図書館の充実と発展とを勇気づけるために、学校図書館の図書選択について、その責任を十分に認識すべきである。

図書の選択は、家具や道具と同じように、使用目的を考え、その上に、図書についての知識を通して実践するものである。どんな書物でも、どこの学校図書館でも、一定のハッキリした観念をもたずに購入してはならないのである。そこで具体的に、学校図書館の図書選択について少し考えてみよう。

(1) 学校のカリキュラムに直接関係のある図書、参考用の図書をまず選択すべきである。普通課程と職業課程とを問わず、すべてに行きわたって利用される図書で、学習活動に役立つものでなければならない。もし国語科とか社会科とかに偏した図書の選択が、学校長や司書教諭、あるいは有力な教員の専門・趣味に基づいて行われたとしたら、それは学校図書館の総合性と中立性とを破壊するものである。あらゆる教科についての資料が、豊かにされていなければならない。

(2)学校図書館は、教師の指導による学習に関係ある図書だけでなく、児童生徒の予習・復習・クラブ活動・学校行事に関係のある資料を供給しなければならない。辞書・百科事典・地図帖・年鑑などの基本図書はもちろんである。

(3)学校図書館は観察力を養い、また観察の習慣を養う図書を選ばなければならない。動物図鑑・植物図鑑や星座図を通して、星や鳥や、虫や木や草花を見わけるのである。科学書は読んでわかりやすく、かつこれに近代的応用をふくむものが望ましい。

(4)一般に世界的文学と認められているものを、学校図書館は備えなければならない。わが国の古典はもとより、イソップ、アラビアンナイト、ガリバーなど、外国の文学でもスタンダード・ワークと言われるもの、長い年月のあいだ読まれ、親しまれ、生命をもっているものは、それぞれの学校の種類と、その段階に応じ、良い版（edition）を選ぶことがたいせつである。

(5)歴史書については、学校で教える課目の全時期にわたって網羅すべきである。歴史書は国民としての理想と感情を養い、社会的理想を強化し、他の国民に対する理解を深め、政治・経済・学術・文化に関するの解決にも役立つものである。

（6）あらゆる方面にわたる伝記書は、豊富に供給されなければならない。それは政治家といわず、軍人といわず、科学者・美術家・文学者・思想家・技術者・探検家・伝道者など、人間の興味をそそるもの、そしてその行為と事業とが、人間にインスピレーションを与える人々について、正しく記されたものでなければならない。

（7）農・工・商業、その他職業に関する図書、簡単な裁縫・機械・電気・木工、その他手工に関する図書、職業についての訓練とその倫理（エチケットをふくむ）など、児童生徒の年齢と興味とを考えて、それぞれに適応したものを選択すべきである。

（8）児童生徒の才能と技術とを助長する図書、音楽・図画・美術・手芸・体育・スポーツに関する代表的図書を、学校図書館は備えなければならない。

（9）内容が正確かつ健全で、文章の調子の高いもの、力のこもったもの、読みやすく、そして語彙の豊かなものをも選択することが望ましい。

（10）装釘が美しくアットラクチヴなもの、紙質も良く、印刷の鮮明な図書が、学校図書館としては望ましい。表紙の粗末な貧弱なものは、誰でも手にしようとする意欲を起こさないものである。

学校図書館が備え付けたいと希望する図書は、すべて直ぐに購入することができなくても、その必要であるとして選択した書目は、しばらくこれを保存して置いて、のちに図書を注文するときの参考としたらよいのである。どの図書館でも、すべての著作を必要とする同一著者などというものは、そう沢山あるものではないのであるから、学校図書館としては個人の全集は避けたらよい。中学校の図書館で、『漱石全集』のはじめの三分の一ほどが、手垢で真黒になっているのに対して、残りの大部分がまっさらで、誰も読んでいないのをよく見うける。『吾輩は猫である』が単行本で出版されていて、必要なときに、いつでも買うことができれば、汚損したばあいには差し替え本を手に入れることができる。しかしそれが『漱石全集』第一巻であったのでは、到底できない相談である。図書館版という、特別にシッカリした丈夫な製本が当分望まれないとすれば、製本の頼りない新規購入図書は、それを利用させる前に、製本をし直して補強する必要があろう。

雑誌はレクリエーションの道具として、また教科学習の題目と関連して、学校図書館は規則正しく購読者とならなければならない。雑誌には余暇の読みものとして備え付けるものと、その種類は多くないにしても、学校図書館の蔵書の一部として、製本して保存する価値のあるものとがあるであろう。しかし雑誌は一度その種目を決定してしまったら、その利用頻度にかかわりなく、惰性でこれを継続してゆくことは愚かなことである。一般の雑誌のほかに学校図書館は、教師の利用する教育雑誌・専門雑誌を適宜選択して購入すべきであろう。これらの雑誌は学校によっては、「教員たちの雑誌棚」として、教員室の一隅にこしらえてもよい。このために教員たちが、少額の醵金《きょきん》をしてもよいと思う。児童生徒たちと教員との共同の雑誌棚もできれば設けたらよいが、教師だからといって図書館規則をルーズにしてよいのではなく、むしろ卒先してその厳守が要請される。学校図書館に関して、とかく教員のほうが、児童生徒よりもダラシがないということを聞くのは、まことに残念である。

どの図書館でもそうであるが、とりわけ新しくデビュウした学校図書館が、一気呵成《いっきかせい》にできあがるものではない。学校図書館は、まず五カ年計画を立てて集書をつくり上げるべきであろう。一年ごとにその各方面の実績を査閲《さえつ》し、反省しながら記録をつくり、次年度には前年の手薄なところを補足し、徐ろに達成目標に向かって、その年度の業績を評価しつつ、つぎの計画目標を進行させてゆくべきであろう。むろん学校図書館基準による蔵書の分配比率は、参考にとどまるものではあるが、学校図書館が新しく発足するばあいは、大体これを拠りどころとして図書を選択したらよい。しかし学校図書館はそれぞれの事情により、その蔵書構成に弾力性をもたせることもまた望ましい。

D　図書選択の目標

過去の図書館は、一人の適当な読者に――専門家あるいは学者に――歴史家あるいは経済学者に、適当な資料を提供すれば、それで図書館の機能は果たされたのである。図書そのものもまた学者のために、あるいは文学趣味をもち、文学を理解する訓練と経験とをもった人々のために著述されていた。新しい図書館の読者は、数十年前くらべて、全くその様相を異にしている。ひとりインテリゲンチャとよばれる知識階級ばかりでなく、産業の根幹となる熟練・不熟練の労働階級に、家庭の主婦に、図書館は知識や情報を提供し、また彼等の美的情操や道徳的感情に生命を与えるため、美術書や音楽書や、詩やドラマや小説を与えなければならない。そしてまた彼等の精神的緊張や疲労や憂うつを消すために、心のしこりをほぐすために、娯楽慰安の図書を示さなければならない。

多数の読者大衆は読むことを知っているが、そのほかのことは殆んど知らないし、また注意を払っていない。書物は彼等にとって、毎日の朝と夕方、手にする新聞とくらべて、いくらか取扱いが便利だという程度にとどまるであろう。文章の構造がどうであろうと、また表現の方法がどうであろうと、頓着するところではない。有名の著者であれ、無名の著者であれ、それはどうでもよいことである。彼等は読みの世界に生活しているため、蚕《かいこ》が桑《くわ》の葉をむさぼり食うのと同じように、印刷されたものを端からむさぼり読むのである。しかし、だからといって、われわれは悲観する必要はない。図書館が地域社会の教育的勢力であるとするならば、われわれはこれらの人々を考慮にいれて、彼等を教育するために、どの程度に彼等の趣味を満足させ、どの程度に彼等を教育することができるかが、だいじな問題なのである。

図書館は地域社会のすべての人々に、インフォメーションとインスピレーションとレクリエーションの図書を与え、それらを示すために存在しているものとすれば、これらの目的を達するための図書の選択は、何を目標とすべきであろうか。多少これまで述べたところと重複して、くどいようであるかも知れないが、反芻する意味あいから、それを考えてみることとした。

（1）地域社会の構成分子を研究し、現実に図書館を利用している人々、図書館が利用させたいと願う人たちに、何ものかを提供するようにしなければならない。図書館職員——このばあい図書の選択者——は、地域社会の有識者——宗教家・教育家・新聞記者など——に知己を求め、またその地方のクラブにも加盟し、集会にも出席し、あらゆる機会を捉えて、その地域社会と接触する方法を講ずることが望ましい。

（2）読者の要求する図書は、すべてこれを購入する必要はない。ただ彼等がその要求を図書館に伝えることは、ぜひとも奨励すべきである。そして要求された図書のうちから、真に欠くことのできない図書を選ぶことを計画すべきである。図書館の蔵書としてはならない図書は、たとい要求があったとしても、購入してはならない。図書資金の財布のヒモは、しっかりと強く握っておくべきである。

（3）一〜二の人が反対したからといって、その図書の購入を躊躇したり、あるいは拒絶したりしてはならない。反対のないということは、案外その図書の価値が少ないことを意味するばあいもある。力のこもった生命のある図書は、世間の勢力家と同じように、誰かが反対するものである。また専門家の助言は歓迎すべきではあるが、これに盲従してはならない。一般に言って、街頭の人々が要求する図書は、書斎に住む専門家のけなす図書である。学者にも無学者にも奉仕して、満足させたいと願う図書館職員の気もちは、学者の理解しにくいものである。

(4)スタンドダード・ワークとよばれるものは、たとい要求が多くなくとも、これを選択し、一般に読まれるようにPR活動を通じて、普及させる方法を考えるべきである。これらの図書はよい版をえらび、魅力のあるものであることが望ましい。装釘も内容と同じく、教育的価値をもつものである。

(5)もし地域社会が技術図書を要求し、図書館がこれに応じうる見通しがついたならば、それを備え付けたらよい。しかし普通の小図書館では、技術図書は高価に過ぎるばかりでなく、内容が時代後れとなることも早い。これはただ一例をあげただけであるが、同じく似たような要求が読者から提出されることを予期すべきである。時にはただ一人の読者のために、図書を選択することがあっても差しつかえない。更にその図書を、他の図書館から借りることができれば、最も妙である。

(6)郷土資料の収集に力を注ぐべきである。その土地に関する資料と、その土地に関係のある人々の著述を購入すること。できれば寄贈を仰げば更によい。神社・寺院・教会・公園などの写真・絵ハガキ・宝物・行事・記録の類を網羅したらよい。郷土史誌の集書は、その図書館の大小とは関係がない。九州大学附属図書館には「教官文庫」があり、所属教官の著書論文が集められ、後進の学徒に刺激を与え奨励となっている。また同志社大学図書館には校友文庫があり、卒業生同窓の著述がそこに収められている。大学・学術団体の出版物もまた、広くこれを郷土資料のうちにふくませて、その大学・学会の図書館に必ず備え置くべきである。

(7) 図書館所在地の他の図書館に備えられている高価の図書は、これを重複させないようにすることが望ましい。そして相互貸借なり、あるいはこれを利用できるような方法を別に講じたらよい。小地域社会の学校図書館と公共図書館とが、同じような図書を重複させることもまた、無駄となるばあいが少なくない。

(8) 小説は読書大衆を図書館に誘うよい餌である。図書館を利用させるために、一人でも多くの読者を引きよせたいと希望する新しい分館その他では、よく読まれる、よい小説を多種類備えておき、またその原本を置くことが望ましい。一年経たなければ、その作品の価値はきまらないから、図書館には入れないなどという規則は、普通の公共図書館には通用しないものである。小説を読まないからといって、その人は幸福でないとは言われないかも知れないが、小説を読むことによって、同じ人間についての知識と同情を深め、より広い世界をながめることができる。

(9) 多くの人々が見て、道徳的に疑問があるという図書は、避けることが賢明である。また開館時間の短い分館・支館・閲覧所では、禁帯出の参考図書を多く備え付ける必要がないであろう。

E　図書選択の過程と一般方針

1　図書選択の過程

図書館が、図書を選択するときの過程を分析してみると、およそつぎのような順序をたどるのではないかと思われる。

(1) 地域社会には、ある主題についての図書の要求が存在している。この要求は現実のばあいもあるが、また潜在的なばあいもある。地域社会に住むある人たちが、これらの主題についてインフォメーションを、インスピレーションを、そしてレクリエーションの図書を求めている。

(2) 図書の選択者は、その主題について、またその主題の知識について、さらに要求の分量と種類とを、読者との個人的接触により、あるいは図書館記録の調査などによって認識する。投書箱を設け、希望図書を申出させるのも、その具体的方法の一つといえるであろう。

(3) つぎにその主題について評価する。すなわち、その主題それ自身のもつ固有の重要性を知り、これを他のいろいろな主題と比較して、その価値を決定する。

(4) それに引きつづいて要求の分量を評価する。どれだけの人々が、その要求をもっているか。その要求の分量を割り当て、これを図書館の記録なり、調査によって決定する。

(5)要求の評価はまた、その種類についても考慮されなければならない。要求は(a)読者の知識の程度により、(b)職業の種類により、(c)社会的地位により、また(d)図書館の種類により制約される。

(6)図書の選択者は、つぎに図書館が現実に所蔵している資料が、どの程度に、この主題と、これに対する要求とを満足させているかを計算する。ひとり図書選択者の属している図書館の資料だけでなく、附近にある他の図書館の資料と、特殊な図書群なども、これを計算に加えなければならない。

(7)その上に、どれだけの種類と範囲の図書を追加したならば、地域社会の要求に応ずることができるかを計算してみる必要がある。

(8)そしてその図書館に要求されている読者への奉仕は、どんな種類の図書を、どれだけ——一冊でよいか、それとも数冊を必要とするか——提供したならば、地域社会の要求が満足されるかを決定する。むろん図書はその内容ばかりでなく、その物理的条件——装釘・印刷・製本などについても、あわせて評価しなければならない。

(9)最後に、その図書館で行われている図書入手の手続方法を経て、その図書館に受け入れ、これを整理したのち、読者の手に渡して利用させるのである。

このようにして地域社会の要求と、図書館のこれに対する図書の提供とが一致することにより、図書選択の過程は完了するのである。しかし実際に、図書の選択にあたって実践する方法は、以上かかげた過程をかなりに単純化しているし、またこれを簡略にすることもできるし、あるいは変更することもできるものである。それというのは、図書の選択者が地域社会の要求を診断し、これを測定するに当たっては、ほとんど直覚的であり、したがって前にあげた（1）から（8）までの過程は、経験のある図書の選択者にとっては、一つの条件に要約することができるからである。

さらに図書選択の実際問題としては、しばしば新聞や雑誌に掲載された図書の出版広告や書評によって、その図書を図書館の蔵書に加えるか否かを、解決する必要に迫られているばあいが多い。そのために地域社会についての知識を応用し、地域社会の要求を予測して、その広告された図書、あるいは批評された図書が、その図書館に、どんな価値をもつかを決定しなければならない。むろんその際、その図書の内容と地域社会の要求とのほか、著者・出版社・価格などを考慮し、これに支出することのできる図書費の額ともにらみ合わせて、その採否の決定に到達することはいうまでもない。

2　図書選択の一般方針

図書館が図書を選択して蔵書構成をするとき、図書館はその読者を決定するということは、免かれ難い事実である。図書館の書架には、すべての現実的・潜在的読者が読むであろう、最もよい図書が置かれていなければならない。しかし、だからといって図書館の職員は、地域社会の読書趣味を非難する役割をもつものでもなく、また彼等の要求を拒むわけでもない。図書館の職員は、むしろすぐれた図書を提供することにより、その図書のもつ価値を普及し、地域社会の知的水準を向上させ、成長させる根拠をつくろうとするものである。地域社会の人々のうちには、読むことを欲しておりながら、読むことが生活の一部であるということを知らないために、図書館に対して冷淡であり、無関心または無感覚となっているものがある。時には図書館を冷笑し、また白眼視しているものもある。

図書の選択は、選択された図書を、あらゆる方法を講じ手段をつくして、読者の前に示すことである。そしてさらに、その意味を拡大して読書を促進させる方法を講じ、いままで図書館に不信を抱き、あるいは絶望を感じていた人々を、彼等がこれまで要求することを知らなかった図書を手にする楽しみと、読書の喜びとに導き入れなければならない。こうして個人なり、地域社会の個性の一部をなしている趣味そのものに、何らかの変化を生ぜしめることとなるにちがいない。

そこで図書館の図書選択の一般方針としてつぎのことが考えられる。

(1) 図書館の所在する地域社会の性質を分析し、つねに読者を念頭に置き、いろいろな種類の図書には、いろいろな利用法のあることを認識すること。

(2) 日常生活の改善――物質的・知的・道徳的――と発展とを目的として、それに寄与すると思われる代表的図書を選択すること。

(3) 図書館の種類・性質および方針にもとづき、それが修正改訂されるまでは、その線に沿うて図書の選択をつづけること。

（4）図書館の図書費を適当に配分して、最も多くの人々のために、最も価値の高い図書を手に入れるように選択すること。

（5）図書館が効果的に、利用することのできる図書を選択すること。ひとり現代に役立つものばかりでなく、将来に利用されるものがふくまれることが望ましい。

Ⅵ　図書の評価による図書の選択

A　図書評価の基準

地域社会の読者の要求を評価し、これに応ずることのできる図書資源を計算したのち、必要な図書館奉仕をするために、図書館は図書を選択し、その購入・受入を決定しなければならない。図書の選択は図書の内容により、著者が何を与えようとするかによって、左右されるものであるから、図書は評価されなければならない。すなわち図書それ自身がもつ固有の価値だけが、予想される図書への利用価値の裏づけとなって図書は選択されるのである。だから図書を分析し、これを図書選択の基準によって測定し、読者の性別・年齢・趣味・職業・教育の程度により、それぞれインフォメーションの図書、インスピレーションの図書、およびレクリエーションの図書について、その適否を判定しなければならない。

シューマン（Edwin L. Shuman）[1]は、すべての文献を評価する一般的方法について論じたのち、**インタレスト**が主要な帰結であると強く主張している。英語の「インタレスト」は、ただ「興味」という意味でなく、「利害を感ずること」「関心をもつこと」「重大なこと」「注意をよぶこと」など、人間の思考を刺激し、喜ばれるものの意である。そしてシューマンは、文献的価値を測定する四つの原則を提示している。

（1）その図書は、最も多くの人々に、最も永く続く喜びを与えられるものであるか、どうか。
（2）その図書は、読むに値するだけの充分な真実と、美と、積極的な善とをもっているか、どうか。
（3）その図書は、読者の心に健全な、あるいは美しい感情を印象づけるか、どうか。
（4）その図書は、すでに時間的な試練に堪えた立派な著述と、比肩することができるか、どうか。

図書の価値を測定する唯一の基準は、その図書がどの程度に、読者を満足させるかにあることは、批評家のひとしく一致するところの意見である。人間の精神を昂揚・発展させ、広い同情心と深い理解力とを与え、人生の葛藤に処する勇気をもたせ、真と善と美とを追求する情熱を燃焼させる図書は、永久に満足を与えるものといわなければならない。図書館の図書の選択者は、これらの価値ある図書を発見し、これを読者の手に渡して、その満足を得ることの喜びを目標としなければならない。

1　Edwin L. Shuman: How to Judge a Book; A Handy Method of Criticism for General Readers. Boston, 1910.

1　評価のための読書

図書を評価するために、図書の選択者は読まなければならない。図書館職員の多くは、生まれながらに愛書家であり、読書家である。しかしもし図書館職員が、すべての読みたいと思う図書を読もうとしたり、あるいは読みたいと希望したら、それこそ飛んでもない迷路にはいりこんで、途方にくれることとなるであろう。読書法にはいろいろある。図書館の職員は図書を評価するために、正しい読書法を学ぶことによって救われるであろう。フランシス・ベーコン（Francis Bacon）が勧告しているように、書物のうちには、（い）舌で嘗《な》めたらよい種類のものがある。またある書物は（ろ）噛んだだけでよいものがある。さらに書物によっては、（は）呑みこんでしまったらよい種類のものがあり、（に）よりよくこれを消化しなければならない書物がある。多くの書物の中には、ただ手にとって撫でただけでよいものもあろう。

図書館の図書選択者は、急いで図書に目を通す能力を養う必要がある。

図書の批評家の多くは、生まれながらの素質もあろうが、多年の経験と修練とによって、苦もなく図書の全体的内容を把握し、その骨子と要点とを捉えるのである。いわゆる、眼光紙背《がんこうしはい》に徹する境地に達しているのである。

われわれは本能によって図書を選択すると、しばしば言われるのであるが、図書の選択は決して、これを本能とよばるべきものではない。われわれは図書選択の本能をもって、この世に生まれてくるとは期待しがたいのである。われわれは、われわれの経験の集積した結果を利用して、これを図書を選択するときの補助とするのである。われわれは、われわれの実践を伸ばし発展させて、これを現実の図書選択にあたり、直覚にまで到達せしめることができるのである。

図書の選択者は図書と文学とに親しみ、読書を通じて価値の高い図書を認識し、平凡なものと劣悪なものとを区別し、精確に評価する能力を身につけなければならない。この資格を備えるために、図書の選択者は過去の文献のうちから、生命力に富んだ価値の高い図書を選んで熟読翫味《がんみ》し、その実験と測定とを適用して、これによって新刊図書を評価測定しなければならない。骨董商の秘訣として伝えられるところによると、彼等は初心入門のはじめに当たって、必ず真筆真作に多く接することによって、教育と訓練とをうけるというのである。このようにして多年その経験を積めば、自然と偽筆贋作を観破することができるわけなのである。

こうした理由から図書館の図書選択者は、ある主題についての重要な文献に精通し、それらのもつすぐれた特色について、活用的な知識をもたなければならない。図書館の総合性と中立性とは、図書の選択者が個人的意見を差しひかえ、その偏見を露骨に表面に出さないように努力することを要求している。これは決して容易なことではない。図書の選択者も人間であるからには、問題となることがらについて、是非・善悪・正邪についての信念をもたなかったとしたら、それは不自然であり、不健全な証拠である。そしてまた図書館の職員として、ある主題について関心をもち、これを研究することが希望されもするし、要求されている。しかし図書の選択者は、あらゆる思想、あらゆる学問の分野にわたって、代表的図書を選択する責務をもつべきであって、そのために図書選択者のもつ特別の知識を適用し、価値の少ない図書が、図書館に侵入することを防がなければならない。図書の選択は公正でなければならないが、それだからといって、すべての思想、すべての学問を図書に代表させようと企てるのあまり、公正の名のもとに、劣悪な図書までが、図書館にはいることを許す口実としてはならないのである。

2　図書の選択と書評

図書の選択者は、図書の選択を助ける方法として、書評（book review）に注意を怠ってはならぬ。わが国では書評を専門とする定期刊行物は見当たらないが、日刊の新聞紙や週刊・月刊の雑誌、季刊の専門雑誌に書評が載せられている。日刊新聞紙の書評は速報を主とし、週刊・月刊・季刊の雑誌に載せられる書評には、念のはいった慎重な批評がうかがわれる。

書評は以上述べたところにより、（1）ジャーナリスチックな**速報的書評**と、（2）**批評的書評**（critical book review）と、（3）**専門的書評**（professional book review）とにわけることができる。

速報的ジャーナリズムの書評は、新しく出版された図書を報道する、文化ニュースとして取扱ったものである。主として記述的・情報的・客観的性質をもつため、味も薄く、色も軽く、無色透明にちかいかわりに、毒にも薬にもならない傾向が、時には見うけられる。しかしこれらの情報的・記述的・客観的書評であっても、図書の内容の一部を紹介し、または序文の一節などが引用されてあるときには、結構図書の選択に役立つばあいが多いのである。

批評的書評は、その図書の取扱う主題に関して、文学・科学・芸術などに寄与する文献として、書評家の主観や判断がはいることが多いが、書評家の責任ある署名をもつばあいがある。この種類の書評は、書評家が有名人であればあるだけ、その賞讃のことばは、図書の真価を知る手がかりともなれば、あるいは書評の偏見が加味されていることもあろう。いずれにせよ書評家は、その図書の主題に関して自己の見解をひれきして、その図書のもつ権威について適当な観念を与え、その主題のとり扱い方についても判然とこれを示し、長所と同時に欠点もあげ、他の同種の図書とも比較して論断を下していることが多い。

専門的書評は月刊あるいは季刊の専門学術雑誌、または職業雑誌に多く載せられるものである。公共図書館の特殊専門部門——美術部・商工部、あるいは大学の学部図書室、農学・化学・教育・史学の研究室、銀行会社の調査室・経済財政研究所、その他の特殊専門図書館・職能図書館が、図書を選択するばあいに指針となるもので、専門家にとっては重要な資料といわなければならない。

読者の読書欲望——要求は、しばしばこれらの書評によって刺激されることを、図書の選択者は知っておく必要がある。

B　著者についての評価

著者についての知識は、図書の選択者にとっては本質的なものである。著者が著者としての資格または能力の有る無しは、直ちにその結果が著書にあらわれてくる。文学史や思想史の上で、その声名を不朽に伝えている著者というのは、その天才的業績を輝ける作品に、永久に遺しているからである。このことはやはり他の学問――科学その他の世界でも同様であって、現代の著者のあいだに、すぐれた著書を見出すことは、図書選択者にとって大きな喜びでなければならない。図書館の図書選択者は、現代の著者に親しみをもつと同時に、更に進んであらゆる時代、あらゆる国々の著者についても、その知識を拡大してゆくことに努めなければならない。

有名な著者は、多くのばあいに、その著書に高い価値を示すが、しかし、いつもそうであるとは限らない。時として愚著を出すこともある。また無名の著者が、すぐれた著書を世に出すことがある。だから著者の名声は、特殊な図書の価値づけとなる、不動不変の基準とはならないのである。著者の名声は図書を選択するときに、**考慮にいれる要素**とはなるが、これをもって常に図書選択の指導原理とすることはできない。われわれはできるだけ図書そのものを評価し、その選択を決定すべきであって、著者の人格および資格は、われわれの選択決定を確認するときに役立つ証拠となるのである。あるいは疑問を解決したり、または決定するための知識や証拠が不十分なばあいに、それが根拠となるのである。著者の声名に囚われて、価値の少ない著書を選択したとしたら、図書館の読者に忠実であるとはいえないし、また無名の著者に対して不当な態度をとったこととなる。世間から忘れられ、あるいは無視されている、すぐれた著者を発見することは、図書選択者の大きな光栄でなければならない。

しかし実際には、図書の選択に当たって、著者が図書の選択者を指導するばあいがしばしばある。日に月に出版される図書は、夥しい数にのぼっているし、図書館は、これらの図書を追求する機会をのがしてはならないのは言うまでもない。しかし図書館職員の仕事は手いっぱいで、すべての図書に個人的注意を払うことは、無理で困難なことがある。書評家の意見も不十分で、痒《かゆ》いところにまで及んでいないとしたら、プロバビリティーの原則をとりいれることになる。すなわち過去に良い書物を著述した著者は、悪書を著述しないであろうということである。そこでわれわれは、著者の過去の著書について多くの知識をもてば、それだけ安んじて図書の評価決定ができるばあいが多いわけである。

書評というものは、著者が誰であるのか、全く不明であるばあいと同じように考えて、これを批判しなければならないものであるが、多くの書評は著者について語っている。図書館の図書の選択者は、多方面の広い分野にわたり、いろいろな方法で、著者についての信頼すべき資料を研究し、その知識を能うかぎり収集すべきである。主だった著者の著書は、かりに読まないにしても、一応は目を通して見るべきものである。図書館の幹部職員が、読書会を常時開いておれば、著者および著書についての知識をそのメンバーの間に広くし、かつ深くすることができる。そして、ひとり図書の選択者ばかりでなく、目録係にもレファレンス係にも、読書の指導者（readers' advicer）にも、それが大いに役立つばあいが少なくない。読書相談係が、ときに図書に関連して、著者について読者にそのエピソードでも話せば、読者の著者への関心を一そう高めることは疑うことができない。著者が講演をする機会があったときには、図書の選択者は進んでこれに出席して、著者の人物を観察したらよい。著者に関する伝記資料を図書館に備え、常時これを参考として著者を研究し、広く読むこととともに、図書選択の視野を広くすることが望ましい。

図書館の図書選択に関し、著者について考えるときに問題となるのは、

（1）著者は主題に関して特別な知識をもち、個人的研究の結果を纏《まと》めて著述したものか——すなわち**独創的な研究の著書**であるか。それとも、すでに公表され出版された図書・論文のうちから、確実に利用できる資料を**編集した著書**であるか、どうかである。例えば科学の一部門に関する図書であるとして、それは著者個人の実験の結果を（あるいは他の実験と関連して、著者の新しい知識を加えたものを）記録した著述であるか。あるいはまた、いろいろな実験の記録として、これまでに公表された記録を要約し、または集大成した図書であるか、どうかの問題である。歴史の書物ならば、著者が古文書・古記録その他の根本史料について研究した結果の著書であるか。すでに今までに発表された、いくたの研究を基礎として、ある時代について、ある主題について、またはある人物についての著書であるか、どうか

の問題なのである。

このことは、図書館としては独創的著述よりも、編集された著書のほうが望ましいばあいもあるということを意味する。世間には往々、独創的著書を絶讃する傾向がある。むろん独創的研究は奨励しなければならないが、それは図書館の必要という問題とは切り離された事がらである。独創的著書は資料を根拠とするものであるから、間違いのない精確なものである。資料から一歩でも離れると、自然そこに誤謬を導入する機会と危険とが生ずるものである。しかしまた、主題に精通する編集者が、独創的著述なり研究なりを比較し、評価して著書を出すとすれば、独創的研究者の犯した誤謬を正し、偏った研究態度なり意見を調整し、不完全さを除くことに役立つばあいがある。だから明確という立場からすれば、編纂物を軽んじてこれを排斥することは、あながち常に正しいとはいわれないのである。

なおその上に、独創的研究者の陥り易い弊は、過度に専門化しているということである。センモンセンスの過多症である。すなわち、自己の研究の結果を表明するのに熱心なあまり、その研究自身が全体の構成においてもつ、正当な位置づけに注意を払うことを忘れるのである。そのため知識の総量に比較して、研究そのものの釣りあいが、正当な価値を曖昧にさせる傾向のあることである。胃ガンに関する専門的研究者の著述が、ガンについての全体的知識を求めている図書館の読者には、余りにも多くの場所を占めている著書がある。

一般の図書館は、図書に盛られた知識が均整がとれていて、平明に表現されている著書を要求するものである。事実にしても情報（インフォメーション）にしても、独創的研究には副産物として、少なからず夾雑物《きょうざつぶつ》が生ずるものである。それらをできるだけ少なくし、明瞭で、かつ詳細な図書を欲しているのである。従って一般の図書館は専門家の独創的研究書よりも、普通の編纂書を歓迎するばあいがある。むろん図書館の種類により、大学などの研究機関に属する図書館では、専門家の著者を要求するであろうし、とくに独創的研究の図書を歓迎するであろうが、一般の図書館や学校図書館のばあいは、大部分の主題については、一般的図書を選択し、備え付けることを心掛くべきであろう。しかもこれらの図書についても、技術的にいえば種々の程度・段階があり、初歩入門の図書、中級程度の図書、高度の図書があり、理論的の図書もあれば、通俗的図書もある。

図書の性質がどのようなものであろうと、著者はその取扱っている主題に関して、正確な知識の持主であることを資格とする。その著書が信頼に値し、役立つものであるためには、全般的に主題について把握し、専門家の独創的研究を批判する能力をもたなければならない。かりに通俗的な図書であっても、適正な著述をするためには、乏しい知識では著者の資格とはならない。世間にはブック・メーカー（註＝売文家とでも訳すべきか）というものがあって、著書を製造し、ある主題に関して、知識の暗い一部の読者、あるいは多くの読者を満足させているものがある。しかしこのような図書は、豊かな知識をもち、充分な準備をととのえた著者の著書にくらべると、バランスがとれておらず、必要なものと不必要なものとの区別がつかず、明確さという点に欠けているものである。

（2）著者の知識が問題となると同時に、もう一つ問題となるのは、その知識を適当な形式で、表現することのできる能力の有無である。天は二物を与えずというが、これら二種類の資格を兼ね備えた著者は、そう沢山にあるものではない。そこで（a）措辞・語法・用語の使い方が妥当で、かつ読みやすく、その目標とする読者層に訴えて満足をかうような図書が、一般図書館の図書の選択においては、まず軍配があげられるのである。独創的な著書あるいは権威ある図書であっても、読者に適当する**表現の技術**に熟達しないために、読まれもせず、理解されもしない著書よりも、優先的に図書館に受け入れらるべきである。図書館の蔵書は何よりもまず、読まれるべきものでありたいとは、これまでも、たびたび繰りかえし主張して来たところである。（b）すぐれた入門書は、その主題と知識全体との相関関係が、行き届いて如実に記述されているばあいは、かりに著者の個人的知識が充分でないにしても、これを補うて余りあるものとして、その価値を認めてよい。われわれはこれらの入門書に、多くの知識を期待するのではないが、その主題について多くの読者に関心をもたせ、その問題について考えさせ、さらに読書の領域を広げ、視野を啓発させる意味において、学者にあらざる街頭の庶民には、ありがたい著者といえるであろう。

さらにつけ加えておきたいことは、著者についての資格は、その性質から見て、図書の主題とその種類とによるものである。ある主題についての知識は、著者と読者とのインタレストと立場とによって非常にちがってくる。例えば農業政策の講座を担当している大学教授と、農林省食糧局の役人と、現実に農産物を生産しているお百姓とは、同じく食糧問題についてインタレストをもつものである。そしてそれぞれ他人のもっていない知識をもち、それぞれ権威をもって食糧問題を論ずることができる。しかしそれぞれの立場がちがうように、それぞれの観点もちがうのである。だから同じ食糧問題を論じているにしても、厳密にいうならば、彼等は同じ主題を論じているのではない。読者のもつインタレストもまた、それぞれ立場によってちがうのである。従って著者の資格をいうばあいには、それを一般的主題に適用するばかりでなく、個々の特殊問題の見方についても考えなければならない。

補足的にもう一つの例をあげてみるならば、Aはヴァイオリンの権威者だという。しからばAはヴァイオリンの歴史についての権威者なのか、ヴァイオリンの製作についての権威者なのか、ヴァイオリン演奏の権威者なのか。それぞれのばあいによって、著者としての資格にちがいができるのは必然であろう。ヴァイオリン演奏の第一人者であるAは、ヴァイオリンの歴史の著者たる資格を、必然的にもつものとはいわれないであろう（もち得るばあいもあり得るが）。同じように食糧問題を論ずるにしても、国民生活の安定という立場からすれば、実際にスキを取って耕作・生産をしているお百姓は、農具を一度も手にとったことのない経済学者や行政官吏より、問題を理解する程度は低いと言われるであろう。

a　小説の著者

わが国では、小説の著者は作家とよばれるのが習慣となっているようであるが、図書館の側から言えば、その区別は必要なく、ノン・フィクション（非小説）のばあいと同じように、やはり著者といってよい。図書の選択者は小説の著者についても、やはり、その生活経歴をしらべ、ことにある特別な作品に及ぼした影響に注意し、文壇における地位と、文学的寄与についての知識をもたなければならない。

他の文学形式と同じように、小説の著者についてもまた、（1）著者が人生について、どんなに鋭い観察をしているかが、作品を選択するときに大切な手がかりとなるであろう。著者は素材を集め、これを整理したのち、そのうちから用うべきものを選び出す。そしてこれを著者の経験なり、理想なり、知覚によって筋書を構成し、人物を配置して、それぞれの性格を強く描き出し、場所と時代の背景を設けるのである。

（2）小説の著者は、その人生観によって視察と印象とを解釈し、想像を加えて取捨を行い、脈絡をつけ、調和を考え、芸術的に均整のとれた全体をつくり上げる。細かい感覚、真摯な努力、穏健な精神が、その間に泌み出ていることが望ましい。しかしまた歪められた人生観察や、厳しいレアリズムが、読者の前に、美しい魅力のこもった絵のように描写されることもある。

（3）小説の著者は、芸術的な表現方法を必要とする。著者はその思想を、言いまわしや、会話の衣裳をきせて表現することができなければならない。時として文体が、著者の文学的表現の特色をなすこともあって、その方面に苦心を払う小説家も少なくもない。もとより天衣無縫といわるべきものがないでもないが、多くは彫琢《ちょうたく》鏤心《るしん》の功を積んで到達した境地である。適正な語と句が読者にアッピールするのであって、明快な表現はまた思想を明瞭に伝達する。形式と実体とが、芸術的ユニティーのうちに融合されるのである。

b　翻訳者

アレキサンダー・タイトラー（Alexander F. Tytler）は、一七九一年に出版した有名な「翻訳原理論」[2]のうちに――よい翻訳とは、原作のすぐれているところのものが、完全に他の国語に移され、滲透《しんとう》していなければならない。そしてその原作を、原語を語る人たちが味わい読むと同じように、翻訳書を、翻訳された国語を語る人たちが、ハッキリと味わい、読みとり、強くこれを感ずるものでなければならない――と言い、翻訳技術の原則として、（1）翻訳は、原作のアイディアが完全に転写されていなければならない。（2）翻訳の文体・様式は、原作のそれと同じでなければならない。（3）翻訳書は、すべて原作の構成と同じ、くつろぎ（気楽さ）をもたなければならない――といっている。そして彼は古典の翻訳例をあげているが、翻訳書を選択するばあいの参考になるであろう。

二種あるいは二種以上の翻訳書のうちから、図書館のためにその一種を選択するばあいに、図書の選択者は自身でこれを読み、その翻訳効果を判断しなければならない。あるいは、それができないばあいには、書評家もしくは専門家の判断に待たなければならない。翻訳書は独立した著書として、また翻訳書として、双方から批判せらるべきものである。大図書館ならば、原書と翻訳書とを併せ備えておくの

2　Alexander F. Tytler: Essays on the Principles of Translation. 1907. (Everyman's Library)

もよいことだし、また他の国語の翻訳書を置いてもよい。古典の翻訳書は、標準的と認められる訳者のものを選択することが望ましい。

c　編集者（editors）

図書の選択者はまた、編集者の仕事についての知識をもたなければならない。編集者のうちには、古典の解説をするものもあり、また辞書・事典・全集・叢書・講座などの編集を担当するものもある。すなわち編集者の仕事は、通常これらの編纂物に著者の寄稿を求め、これを按配《あんばい》して一貫性をもたせ、あるいは統一性を与えるのである。普通、辞書・事典は編集長または編集主任の統制のもとに、多くの編集助手をあつめている。

編集者のうちには、ただ名前を借すばかりで、実際には仕事をしないものもある。監修者というのも一種の編集者であって、全体の構想に助言を与え、実際に仕事をする編集者を選んでこれに責任をもたせ、自身では細部のことには手を出さないのである。本当の意味で編集者というのは、すべての時間と経験と知識とをその仕事に傾倒して、図書の信用と価値とを高めるために没頭するものをいうのである。図書の選択者は、売らんがための名前借用の編集者と、本当の編集者とを厳密に区別しなければならない。編集者がどれだけ責任をとっているかは、精密に調査することが困難にちがいないけれども、これもまた図書を評価する重要な一部なのである。

C　出版社についての評価

図書の背景となり、源泉となるものは出版社（publishers）である。図書の選択者は出版社についての知識をもち、これを有力な手がかりとして、図書の選択決定に到達しなければならない。図書館の職員は、ひとり過去の図書および印刷の歴史について知識をもつばかりでなく、現実に図書出版企業の組織経営の実態を詳らかにし、どのような過程を経て、著者の原稿から商品としての図書が、その形態をとるようになるかを知っておれば利益がある。

ここでいう出版社とは、著者から原稿を受け取り、これを自己の計算と責任とにおいて出版し、著者に印税を支払う営利的企業家をいうのである。出版は学会・公共団体・大学でもするが、図書の大部分は営利的企業家の手を経て、市上に売り出されるのが常態である。図書の選択者は主な出版社についての知識をもち、その特徴なり、専門を知っておくと便利なことが多い。このような知識は多く経験によるものであって、いろいろな出版社のいろいろな出版物を観察し、また親しくこれ等の出版物を手にして、はじめて得られるものである。そしてついには図書の外見だけで、その出版社を言い当てることができるようにもなるし、また出版社の名前から図書の価値を予想し、読者の要求を推測することができるようになる。こうして出版社についての知識が成熟すると、出版社の出版図書目録を通して、著者の姓名から、また出版図書の種類から、自ずから出版社の品位・種類・銘柄を知りつくすようになる。

しかし出版社は、一たんその名声や伝統が立てられたにしても、つねにそれを永久に持ち続けるとは限らない。わが国の企業体のうちにあって、出版社ほどその基盤が脆弱で、変化きわまりないものはないと言われているぐらいである。古い出版社の内部に変動が起こったりすると、その出版物にも変化を見ることが往々ある。これらの変化は急に起こることがないでもないが、概して徐々に見られる現象であって、注意すればその過程を観察することができる。図書の選択者にとって大切なことは、新しい出版社の出現することである。その出版物の動向や、ねらいに絶えず注意しなければならない。

出版社は実際上の便宜から、（1）普通一般図書の出版社と、（2）特殊専門図書の出版社とにわけることができる。普通一般図書の出版社は、多方面の主題にわたって、各種の図書を出版するものをいうのである。むろん同時に、専門特殊図書を出版しないというわけではない。特殊専門図書の出版社というのは、特別な系統の図書の出版に重点を置くものを指すのであって、そのうちには児童図書専門の出版社があり、教科書・教育図書・地図・音楽書・美術書・仏教書・キリスト教関係図書・科学書・技術書などを看板とし、文学書とくに小説を得意とする出版社もある。これら専門図書出版社の主なもの、一般図書出版社の主なものを知っておくと、図書の選択に非常に便利なことがある。

外国の出版社については、多くの公共図書館と学校図書館とでは、その知識を切実に必要としないであろう。しかし大学図書館などの学術研究機関の図書館または図書室、特殊専門図書館では外国出版の図書を必要とすることが多いという建前から、外国の出版社についての知識は、図書の選択に便宜を与えることであろう。

出版社については、『出版年鑑』またはこれに類似した出版物を研究すれば、およその見当はつけられる。また各出版社の出版目録を手にしさえすれば、その出版社の出版物の内容を知ることができる。小売店を訪れて、書棚を見廻っているうちに、自ら会得できることでもあり、図書館に持ちこまれた見計い図書を調べているうちに、また購入図書のうちから、出版社独自の特徴を知り、形態を知り、出版社相互の間の位置なり階級について、図書選択者の意見を構成することができる。

D　図書の形態による評価

1　版（edition）と刷（impression）

一版というのは、一どきに印刷して出版する図書の総部数をいうのである。その数はまちまちであるが、限定版のばあいは別として、商業目的では、一千部というのは最少限度である。同じ印刷紙型をつかって、その後に印刷出版されるものは、商業用語ではしばしば「版」とよばれ、再版――三版――四版といわれているけれども、正しくは「刷」というべきものである。図書の選択者は、出版社が新版らしく装うているものが、実際には重刷であることに注意せねばならぬ。また内容は同じでも、装釘・大きさ・定価のちがった縮刷版・普及版・文庫本などがある。

改訂版は原版の一部を訂正し、あるいは増補したもので、これこそ新版（new edition）である。要は、その図書をアップ・トゥー・デイトなものにするための加除である。図書の選択者は、その改訂増補の内容と分量とに注意し、実質的な訂正であるのか、補遺の程度にとどまるかにより、その購入と否とを決定しなければならない。良心的の出版社もまた、旧版と新版との相違点を明らかにして、混雑を引き起こすことを避けなければならない。外国書は標題紙のうらに、版権の年月が記載してあるので便利であるが、図書を少し詳しく調べてみればすぐわかることである。

図書の選択者は、旧版の図書の標題（書名）が故意に改竄《かいざん》されて、別個の新版であるかのように、書店に並べられているのに油断をしてはならない。アメリカ版の図書とイギリス版の図書とが、内容は同じでも題名が変わっているものがあるというが、それらは図書館関係の雑誌などに指摘されることがあり、図書の選択者はそれらの秘密を嗅ぎ出すことに、探偵小説家的興味と本能とを満足させられることであろう。翻刻本・影印についての知識も、図書の選択には必要で欠くことのできないものである。古典の翻刻には、しばしば緒言・解説・註釈・付録・挿絵などが加えられ、新しい装釘で出版されている。

古典および文学のスタンダード・ワークは、図書館としては、つとめて魅力のある、アトラクチヴな版を手に入れるべきである。空腹ならば縄のれんでも、クイック・ランチでも、一ときは凌《しの》げるかも知れない。それと同じように古典も、文庫本や廉価本で間に合わぬこともないが、美しい皿や鉢が食欲をそそり、味覚を加えるとするならば、図書館の図書選択者は、できるだけ機会の許すごとに、美しい魅力をもった装釘の古典やスタンダード・ワークを、いろいろな版について、また出版社について検討したのち、その図書館にふさわしいものを選ぶべきである。ことに児童図書室に備える古典的読みものは、児童たちが他所では見ることのできない、手にすることのできない美しい版の図書であり、印刷も挿絵も美事にできていて、造本もしっかりしたものであると、児童は自然と手をきれいに洗い、その書物を読むことを喜びとするであろう。

2 製 本

図書館の図書は、しばしば読まれ、多く利用されるものであるから、強く丈夫で久しきに耐えるものでなければならない。そこでよい形態（format）ということがだいじである。耐久力と魅力とは、図書にとっては重要な要素ということができる。耐久力は最大限度の使用可能量を意味するが、魅力は書架に置いて――とくに開架式書架に置いて――注意を引くのに役立つのである。図書館に受け入れられる図書は、本綴のクロース製本が多いが、時には紙表紙のものもある。図書の選択者は出版社の製本について、とかくの言を挟む余地はないが、図書館に最も都合のよい条件のものを選ぶべきである。図書の生命は製本技術の良否と、読者の取扱い方によって左右される。紙表紙の図書は、次第によっては図書館としては補強製本をなすべきである。大図書館では、多く専属の製本技術者を置いて製本させている。

製本クロースの色は種々様々あって、いずれも図書館向きにできている。出版社もまた、できるだけ画一的な色を避け、図書に個性をもたせるようにつとめている。しかし白またはこれに近い軽い色は、ややもすると、早く汚れが目について、図書として奉仕する生命が短いことがある。それだからといって、黒色一辺倒も困る。図書の標題と形態と装釘とが一致すれば、一そう読者を楽しませ、引きつけることとなるであろう。これに反し、醜い不適当な形態をもつ図書には、読者が手を出さないばかりか、時には、嫌悪を感ずるものである。そうしたばあいには、図書館によっては図書にカバーをかけるとか、製本をし直したらよいであろう。もともと読者は、出版社の製本に興味をひかれるものであるから、再製本のときには鈍いゴツゴツした色よりも、華やかな色を使うのがよいのではないか。

絶えず頻繁に利用されることのわかっている参考図書は、はじめからこれを補強して、これに本来の表紙をつけるなり、バックラムで図書館製本に仕立てるなり、ばあいによってはレザーで製本したらよいのである。こうして置けば、利用されている途中に、書架から取り出して製本に出す必要は少なくなる。これは児童図書でも通俗の小説でも、人気のあるノン・フィクションでも、製本のために図書の供給が、図書館からしばらく途絶したり、遠のいたり、また後れたりすると、図書館奉仕に対する辛辣な批評を、読者は図書館に浴せかけてくるものである。このような不満を読者に与えないために、図書を補強製本して永く利用させるのがよいか、複本を備えたらよいか、差し替え本を利用するのがよいか。図書の種類により、図書館の奉仕する地域社会により、また図書館の方針・計画にもよるであろうが、図書の選択者としても慎重に考慮すべき興味ある問題であろう。

紙と印刷の問題は省略して、ここに触れないで置く。

3 図書の内部配列

図書の内部が、どんな配列になっているかは、すでに一定の標準ができているから、図書の選択者は、最初の標題紙から、最後の索引までのあいだに、内容の重要部分が順序よく置かれてあるかどうかを確かめればよい。事実を伝える図書は、小説とちがって、その資料についての参考文献書目と索引とによって、その価値を測定することができる。標題紙には、書名の外に著者名・出版社名が記載されており、時として著者の現職、あるいは過去の経験・業績（著書）がしるされて、図書選択の手引きとなるばあいがある。外国書には、標題紙の裏に版権年が書かれてあること、前にもすでに述べて置いたが、わが国の図書・出版物には、これらの書誌的事項は奥付に記されている。なお奥付には、著者名の正しい読み方が振り仮名され、あるいはローマ字で綴られていることもある。献呈辞（dedication）は図書館としては余り重要な事項ではなく、図書の選択にも影響するところは少ない。

序文・はしがきは、著述の目的、あるいは図書の取扱っている範囲などを記していることが多いので、図書の選択者はぜひ読まなければならない。目次は内容の順序と主題の性質とを示すものであって、一応これにも目を通すべきである。本文は字句の平明・妥当はもとより、校正の良否にも注意しなければならない。付録は補足または説明の資料が載せられているし、脚註・頭註は資料の参考になり、記述を補うものである。図書の選択者は、すべてこれらを精しく調べ、その価値を評価して図書の選択決定に到達しなければならない。目次や索引のないインフォメーションの図書は、図書館に備える資格のないものであるといっても、過言ではあるまい。そのほか付属物として挿絵・写真・地図・海図・図表などがある。

これらの総称して図版（illustrations）とよばれるものは、本文から発展して本文に生命を与え、むしろ図書の一部として、その内容と外形とに調和し、真に説明を補うものでなければならないのであり、単に売らんがための装飾であってはならない。従って本文の章節、あるいは適当なページに位置すべきであり、勝手にどこへ置いてもよいという種類のものとはちがう。これらの図版は著者の意図するところを助け、読者の想像力を刺激し、図書の価値を高めるものである。むろん図書の価格（定価）は図版の有無、その種類によって影響をうけ、ことに三色版・四色版などの色刷の多い美術書は、高価となるのが普通であるが、またこれらなくしては美術書の価値は減ずる。歴史書・地誌のばあいも、生物学・天文学の図書のばあいも同様である。図版の種類とその価値とを理解し、その製作過程を知り、価格を確かめることにより、各種の図版を評価することができて、図書の選択を助けることとなるであろう。

4　図書の価格

法外だと思われるほど高価な図書があるかと思うと、そのそばに案外廉価な図書がある。このような書物の値段の開きは、それが何に原因するかを探究し、図書館の図書の選択者は、最も少ない費用で、最も多くの人々に読まれる、最もよい読みものを選択し、これを図書館に備えるように心掛けなければならない。戦後の書価は、戦前のそれにくらべて、たしかに高くなったにちがいないが、それでも一般の物価指数に比較すると、さして驚くに当たらないようである。個人の購買力は減じたであろうが、日本の出版物は、国内で消費されるより外はないのであって、英・米・独・仏の出版図書が、海外にも市場を見出しうるのとは趣を異にしている。

アメリカでも第一次世界大戦前後では、書価の変動が著しかった。例えば一九一六年大学図書館備付図書の平均価額は二ドル五〇セントであったものが、一九二四年には四ドル五〇セントとなっており、公共図書館では一九一八年に平均一ドルであった書価が、一九二三年には一ドル四二セントとなった。またALA一九二六年目録の平均価額は、さきの二ドルないし三ドルから、四ドルないし五ドルとなっている。なお一九二〇年には一冊の図書製作費二、五〇〇部を単位として、一冊一ドル五一セント、これに利潤を加えると二ドル五〇セントになるということである。社会的変動が書価に与えた影響である。

書価は、図書の生産費によって決定されるものであるが、その中心は印刷費にある。組版代・紙代・印刷代がそれである。組版代はA5版・B6版によって、大体の標準が定められているのであろうが、一ページの行数字詰の多少により、また縦組・横組、ベタ組・四分アキ等の特別注文によって単価の変動がある。紙代も紙質・量目によって高低のあるのはむろんである。印刷代のうちには機械の原価償却・動力代・インキ代がふくまれている。これに製本代を加え、著者に支払う印税、宣伝広告の費用と利潤とをあわせて、図書の原価計算ができ上がる。更に図書は取次・販売会社に流して、15％ないし25％の手数料を支払い、小売店がこれを受け取って5％ないし15％の利益をあげて、読者の手に売り渡すのである。その間の人件費は別として、荷造費・運送料などが、一冊の定価のうちに、加算されているのである。

印刷所にしても新式の機械を備え、新鋳活字をフンダンに使うのでなければ、印刷の出来栄えは泥臭くなってしまうし、紙質の良否・製本技術のいかんによって、生産費に著しい差異が生ずるのである。しかも有力な出版社は資本に物を言わせ、ノレンを利かし、巧みに金融操作を行い、卸・小売の手数料を引き下げて廉価に図書の供給ができるが、出版ブームの波に乗った浮草的中小出版社は、貧弱な背景をもってしてはヤセ我慢にも限度があり、印刷代を叩くかわりに手数料を多く支払い、卸・小売のごきげんを取り結ぶために、定価を法外につり上げることがある。図書の選択者はこの間の消息と機微とに通じ、適正な価格で図書を購入しなければならない。

古本といわれ、セコ・ハンとよばれるものもまた、図書館が収集もれの図書を補足し、あるいは消耗した図書の差し替えに補充する意味で、図書選択者の注意するところとならねばならない。新しく出版される図書はすべて、必ず売れるとは限らないのである。返本また返本、倉庫に眠っている図書の数が、金額に見積って莫大な高になっていることは、業界の常識である。だから古本市場に半年ぐらいも遅れて出ている特価本は、ゾッキ本とよばれて「生産過剰」によるダンピング、あるいは倒産出版社による投売りの新刊書である。類書が市場に汎濫しているばあいもあろうし、著者の人気が落ちたために需要がないということもあろう。そのうちには教科書・医書・科学書・技術書・法律書があり、宗教書もある。

出版社の手許に絶版となっている図書は、古本屋の手から取得しなければならないが、これにも廉価の図書があり、高価な図書がある。昔は円本と呼ばれたものは廉《やす》く手に入ったものであるが、今ではこれを揃えるとなると相当の代価を払わなければならない。古本はやすいときまっているわけではなく、高価なのは物が不足していて、しかも多くの人が同じものを需要しているからである。著名な著書・作品の初版本は、愛書家の垂涎《すいえん》おく能わざるものであるため、引っぱり凧で高価を呼んでいるが、普通の図書館としては手を出す必要のないものであろう。雑誌のバックナンバーも、研究所などの図書館以外には用のないものが多く、稀覯書《きこうしょ》その他の珍本類の選択に関しては、特殊専門図書館の領域に属し、書誌学の取扱う問題であるから省略する。

Ⅶ　伝記書を選択するときの知識

A　伝記とは何か

ある意味で、すべての文学は人間の生活を写し出す浄玻璃《じょうはり》の鏡である。歴史のうちには過去の生活が、いろいろな形をもって記録され、反映している。詩にも小説にも、人生の夢と現実とが、これを描き出す著者の力量によって、あるいは晴れやかに、あるいは歪められて写し出されている。とりわけ伝記は、個人の人間像を直接経験の形式をもって読者に伝え、現実に人間生活の経験に参与させると同時に、これを評価し判断し、家系と環境、その人物を中心として渦巻くもろもろの事情、思想と人格とのつながり、行動とその性質とのもつれあい、それらのすべてが具体的に、性格や気質のからみあいとともに表現されている。生活記述（bio-graphia）といわれるだけに、人間の心を動かし、人間の好奇心に訴え、人間の興味をそそる点で独自の位置を占めている。

伝記は個人の経験記録を通じて、あらゆる人間の活動と関連性をもつものである。したがって、あらゆる種類の知識・学問・事業とも深い関係をもっている。科学の研究に従事するものには、すぐれた科学者の伝記が、その学問に対する知識と情熱とを広くし、深くし、かつ高くし、更に科学の歴史を如実に説明してくれる。文学者の伝記と思想家の伝記とは、文学史と思想史とを織りなす経《たて》と緯《よこいと》とであろう。俳優の伝記は直ちに舞台の歴史に通じ、作曲家の伝記は音楽の歴史の一部であり、政治家と軍人と統治者の伝記を除いたならば、国家社会の歴史は無味乾燥なものとして残るであろう。それほどに伝記と歴史との関係は密接で、伝記は歴史の根本資料をなすものである。

歴史の取扱う領域は事件であり、事件の由って来る原因の追求であり、その進行過程であり、その過去とのつながりであり、未来に及ぼした影響である。伝記は、それらの事件に参与し、あるいは形成した人間について、その性質・目的、成功と失敗とを述べたものである。白河楽翁《しらかわらくろう》の伝記は、その時代の政治とつながり、ジョン・アダムスの伝記はアメリカ植民時代と関係があり、マーガレット・サンガー夫人の伝記は、産児制限運動と切り離して考えることはできない。伝記は、個人が、あらゆる困苦欠乏に耐え、あらゆる不便と不利益とを忍び、あらゆる弱点と不可能とを克服し、投獄や追放も意に介せず、奇跡にも近い成果を挙げえたことによって、読者を心の底から揺り動かさずにはおかないものがある。われわれは日常生活の平凡さに倦怠を感じ、それから逃避するために、人類の偉大な魂にふれることを希《ねが》うものである。彼等は何を考え、何をなし、何を語ったか。その動機は何か。力の根源はどこか。何を目的とし、何を成就したか。その人の伝記は、これをわれわれに物語ってくれるのである。

事実は往々にして小説よりも奇なり、ということばがある。野蛮未開の時代に、狩猟から帰ってきた強ものどもが、キャンプ・ファイアを囲む部族の人たちに、その日の獲《え》ものについてほこらしげに語った自叙伝は、フランスのドルドーニュやピレネーの洞穴に描かれた絵となって、穴居民の経験と経歴と生活とを伝えている。やがて他の部族との戦闘に際してうちたてた功業・偉勲が、ある個人の物語として時代から時代へと繰り返され、吟遊詩人によって唱伝され、神話伝説のうちに織りこまれている。真実の伝記的叙述として出発したものが、想像によって色彩を加えられ、ついに英雄譚としての地位を占めるようになった。古代世界の伝説は英雄的人物を中心につくられた。ハーキュリース・テセウス・トール・すさのをのみこと等がそれであり、中世となればアーサー王と円卓の騎士たち、ロビンフッドとその仲間がそれである。

小説の胞芽は伝記にあるとは、この間の消息をいみじくも道破したものであるが、最も古い形式の記述的文学から、詩的要素と詩的精神（想像力）とをふるいおとし、散文的要素と散文的精神（理性）とを発展させたものが、近代の伝記である。驚嘆すべき事件を求めるならば、何もこれを真実に求めなくてもよい。これを創作すればよいのである。こうして小説は一そう性格描写に力を注ぐようになり、伝記は古典世界の貴族的特権階級を記述したクラシシズムから、人類の発達に寄与した、よき指導者たちの生涯を描くレアリズムへの途が開かれた。ギリシャ・ローマの偉人を比較して英雄伝を著したプルタークから、市井の英雄——それは人生の歩みに貴重な貢献をなし遂げた人々——の生涯を記録するようになった。かつてのロマンチシズムと、一たびは手をわかつに至ったのである。

B　伝記の種類

伝記はその取扱う形式から（1）主観的伝記と、（2）客観的伝記とにわけることができる。主観的形式の伝記の代表となるものは、（A）**自叙伝**あるいは自伝（Autobiography）である。フランクリンの『自叙伝』、『福翁自伝』、近ごろでは河上肇の『自叙伝』片山潜の『自伝』がある。名称自詮、著者が自らを主人公として、自己の生活経験を真実なものとして、継続的に、組織的に叙述したものである。内から外へ発表されたものであって、それだけに個性がちがうように、他の人と判然と区別され、ユニークなものが存在する。その取扱う範囲も全体的のばあいがあり、部分的なばあいがある。例えばフランクリンの『自叙伝』は、最初の五十年間を記し、のちの三十三年は空白のままであるけれども、それでも全体的ということができる。とくに少年時代あるいは青年時代をとりあげ、または学生時代について自ら物語るのは、部分的自叙伝である。

（B）**日記**、（C）**書翰集**もまた、主観的伝記の一形式ということができる。すなわち記者が、その置かれた環境で何を考え、何を感じ、何をしたか。その生活が自然に、ありのままに、装飾されないで誠実に記され、時としては自己批判ともなり、自己研究とも言えるであろう。時代の描写もむろん、そのうちにふくまれているばあいがある。聖アウグスティヌス、ルソー、トルストイの（D）『**告白録**』または『懺悔録』（Confessions）、マルクス・アウレリウスの（E）『**冥想録**』（Meditations）は、ある個人の内的生活に発生したあることがら、または事件の連続を記録したものとして、部分的自叙伝といえるであろう。（F）**回想録**（Reminiscence）は「上下《かみしも》をぬいだ伝記」として、ざっくばらんに、断片的に、家族のものについて、友人仲間について、時代の世相について、自叙伝的にまた客観的伝記の要素をも交じえて、豊かな観察と経験とを本に、記憶の糸をたぐって側面から、間接的に照らし出す描写である。（G）**旅行記**もまた、著者が訪れた国で何をなしたかを物語る、主観的伝記の一種ということができよう。マルコ・ポーロの『東方見聞録』はその一例である。

客観的形式の伝記というのは、自叙伝あるいは自伝と異なり、主題の主人公とはちがった別の人間が、あらゆる資料を利用し構成し、血の通った主人公の人間像を最もよく表現する文学を指すのである。この種類の伝記は、これを（A）**個人の伝記**（individual biography）と（B）**叢伝**（collective biography）とにわけ、普通に伝記というばあいは、個人の伝記がこれを代表することとなっている。叢伝というのは、ある数の人物を選び、あるいはグループとして個人の伝記著者、もしくは共同著者によって著述された書物をいうのである。代表的なものは人名録（Who's Who）であり、伝記辞典（わが国の『人名事典』、イギリスの Dictionary of National Biography）であり、『科学を築いた人々』であり、『結核にいどむ人々』である。

叢伝は個人の伝記にくらべると、（い）叙述も簡潔であり、従って多くは興味に乏しく、感動力に欠けるところが無いでもないが、その代わりに時間（年月日）と事実とを記録しているために、いく人かの人物について、同時に手早く、いくつかの事実を挙げてくれる便利がある。あるいはまた、（ろ）簡明な性格分析の結果、心理描写によるパースナリティーの解釈を見出すことができる。伝記著者は体温の感ぜられる人間像を描き出すために、事実の配置に気をくばり、これが調整をはかり、その用いる資料の研究と解釈とに没頭するのである。伝記の読者が要求するものは、写真でもなく、偶像でもない。

C　伝記の著述

レアリズムと心理学的研究と小説的手法とが、近代的伝記の著述の発達に著しい影響を与え、その内容にも、方法にも、変化を生じた。そのために多くの伝記が著述され、歓迎されるようになり、同時にそれぞれの長所も欠点も見られるようになった。アメリカの公共図書館では、伝記が小説についで多く読まれ、書架記号にもF（Fiction）についで、B（Biography）が用いられるようになった。そこでアメリカの伝記著者は自由に大胆に、主題の人物について考え、精神分析によって性格描写を試み、既定の事実による定説的理論に挑戦し、これを糖衣につつんで、読者の口に甘く丸めこもうとする傾向を生ずに至ったといわれている。

しかし伝記は主題の人物について、利用できる一切の資料を使い、科学的正確さで忠実に描写しなければならない。この重大な仕事をなし遂げるために伝記著者は、その資格条件として人間性を理解し、公正かつ中庸の精神をもって、健全な立場から主題の人物に関する事実と、事情とについて一切の知識を備えていなければならない。よってここに、伝記書を選択するばあいに注意すべき、いくつかの問題点について、その知識となるべき事がらを考えてみたい。

1　主題の重要性

エジプトの碑銘にのこる記録は、ファラオ（Pharaoh）の功業をたたえたものであり、クセノフォン（Xenophon）はキュロス（Cyrus）の生涯を叙述し、タキトゥス（Tacitus）はアグリコラ（Agricola）を賞讃している。統治者・軍人・将軍・政治家・宗教家、学問・芸術の開拓者など、多くの指導的立場にあった人々、ないしは事業に成功した著名な人々が、これまでに多くの伝記書の対象となっていた。近代の伝記はその範囲を拡大し、ひとり有名人ばかりでなく、無名な人も、それが「町人」であれ「苦学生」であれ、伝記著者の手腕と力量とによって、読者に興味を抱かしめることができる。これが主題の重要性を示すことであって、主題それ自身が興味があり、また興味あらしめなければならない。

読者に「倦怠感」を与えることは、伝記――とくに自叙伝にとっては致命的欠陥である。自叙伝には、その固有の興味のある経験があり、判然とした個性がある筈である。これが記録され、表明されなければばならない。ただ家族の人たちを満足させ、子孫を喜ばせるだけのものであってはならない。たとえ単純な波瀾に乏しい生涯であっても、これを楽しい読みもの、意義ある記録としなければならない。

2　伝記の真実性

伝記は主題の人物——被伝者——が過ごした生活に真実であるように、その経験したと同じように、描写され、物語られねばならない。エドワード・ギボンはいう——真実を、むき出しの無遠慮な真実を——と。これは事実を求めるレアリズムである。だから伝記著者の描く人間像は、その仲間のものが読んで「これが、わたくしどもとともに遊び、ともに学び、ともに語り、ともに仕事をし、ともに生活した、あの人である」といい得るほどに、その人格が闡明《せんめい》されていなければならない。その人物の生涯が完全に表現され、それが真実であることを他人にも認識せしむべきものである。

歴史家は真実を問題とする点で、伝記著者とかわりはない。そして真実こそ歴史に恒久性を与えるものであるが、歴史は集団的生活を記したもの、あるいは個人の集団への働きかけに重点を置くのである。伝記は個々の人物に焦点が向けられ、一切がこれに集注せらるべきものであって、その生活した時代や社会に重点があるのではない。歴史と伝記のちがいがここにある。むろん伝記著者は、被伝者の国土と、時代と、環境と、祖先とについての知識が必要であり、伝記は人物と環境との交錯であるということができるであろう。しかしそこには、事実以上のものが必要なのである。すなわち事実の背後に、何ものかが存在していなければならない。それは個人の人間性である。それが個人を永久に伝え、真に偽りのない人間像を、その仲間とともに歩んだ当時の姿のままに再現するのである。同情と公正とは、伝記著者に要求される二つのだいじな資格である。

3　伝記の権威

伝記は主題の人物に関して、権威のあるものでなければならない。この点については伝記著者が、被伝者と個人的に親密であることは、一種の強味であるということができる。しかし余りによく知り過ぎているということは、また同時に欠点となり、短所となることもある。控え目になり過ぎたり、出しゃばりすぎたり、無用の弁護を試みたり、時にはへつらいに堕することがある。とくに家族の一人によって伝記が書かれたばあいには、自分免許に陥りやすいものである。例外的なばあいを除いて、夫と妻とは、よき伝記著者であり得ないと、外国では言われているほどである。

伝記が主題に関して権威をもつためには、伝記著者は資料を自由に使いこなす地位にあらなければならない。日記や書翰は、伝記著者にとって、貴重な有力な資料であることはいうまでもない。伝記著者はこれらの資料のうちから、とくに記述したいと思う要点を証明するために、生のまま自由にこれを引用したらよいのである。しかし余り長い手紙や、重要でない日記を引用すると――著者の博識もさることながら――かえって興味をそぎ、読者を退屈させるおそれがある。資料の誤用は、伝記著者にしばしば見られることがあるが、また余りに私的生活に立ち入った、詳しいことは差し控えなければならない。伝記は、被伝者の人物に対する真実性から、読書大衆に対する誠実から、伝記著者に課せられた義務という見地から、評価せらるべきものである。

主題の人物が歪曲されていることは、また、伝記著者の往々にして陥る欠陥である。伝記著者が被伝者に対して寛容に過ぎるということは、一面において弁護の余地がないと同じように、伝記著者の被伝者に対して抱く悪意もまた許し難いことである。ともに著者の誤った解釈といわなければならない。そのために重要な資料を黙殺したり、握りつぶしてしまうことも、正しいこととはいわれない。伝記著者は主題の人物に対し、情熱をもたなければならないが、その人物を理想化し、神格化することは避けなければならないし、その美徳善行を誇張することも許されない。被伝者に定説的に与えられた、これまでの伝説を反駁するために、あるいは特殊なイデオロギーを証明するために書かれる伝記は、ともに歪曲されたものということができよう。そのために尤もらしいへ理屈をつけ、均衡のとれない弁護論を試みることは、正当な判断を忘れさせようとするものである。政治運動その他を目的として出版される伝記は、被伝者の評判を高めたり、人気をあおったり、相手の陣営をかくらんしようとするための著述として、図書の選択者がとくに注意しなければならないものである。

4　伝記の記述

伝記は主題の人物描写が真実性をもち、権威あるものでなければならないが、同時にそれは読者に興味を与えるもの、読まれるための要素がだいじである。そのために、すぐれた伝記著者は豊かな想像力、浄化された感情、優美な文章、力強い表現方法が、伝記著者の資格として要求される。明晰な人物描写を第一義とするのはもちろんであるが、乾《ひ》からびたミイラのような伝記書は顧みられないであろう。伝記著者の被伝者に対する情熱が火花となって、生命のある活きた姿で、その人物を再生させるためには、ドラマチックな効果が見られなければならない。学者のするように集められた伝記資料のうちから、プロデューサーとして必要なものを選択し、これを適当に配置する計画がいる。時としてはドラマの主役である被伝者の特性を描き、あるいはその思想を強調し、ワキ師となる人物を配合して主人公を引き立たせ、明暗の背景をこしらえるのも、読まれる伝記には役立つ用意であろう。

伝記は主題人物の時代と行動とを骨格として、これに肉をつけ血を通わすものである。発生した事件を順序正しくならべ、因果関係を充分に示し、逸話を交じえて性格を明らかにし、躍動する生命を描かなければならない。伝記著者は伝記の創作者ではない。伝記の編集者であり、解説者であり、批評家である。客観的立場にあって、被伝者の活動している舞台とは離れているが、その描写の成功すると否とは、著者の責任である。こうして書かれた伝記には力があり、また信頼がもたれるのである。

われわれが時代を異にし、国土を異にし、人種を異にする人物の伝記を読み、しかもこれに魅せられ、未だ曾つて会ったこともない人物に惹きつけられるのは、その人物がすぐれた魂の持ち主であり、卓越した事業の遂行者であるからではあるが、また伝記著者の描写・記述が明瞭であり、劇的効果が充分に人物を活躍させ、力強い文章をもって資料をよくこなしているため、一そうその情感を深くするからである。個人の伝記には全般的に、全生涯にわたって記述されたものもあるが、また部分的にある重要な特性なり、特徴を記したものもある。また伝記著者の見解によって歴史的・社会学的・心理学的・文学的などさまざまの描き方がある。さらに評伝・小説的伝記・追想録・表彰碑文など、伝記のいろいろの種類をあげることができる。いずれにせよ、文学的形式としての伝記は、多くの人々の関心をもつものであり、また多くの人々に読まれる点で、図書の選択者の深い関心と注意とに値するものであるということを、とくに強調して置きたい。

Ⅷ　図書の淘汰と蔵書の更改

A　図書選択の評価

いろいろな種類の読者が、その読書意欲を要求という形をもって表現している。いろいろな種類の図書が、これらの要求に応ずるために存在している。またいろいろな種類の図書館が、いろいろな種類の読者に、いろいろと違った種類の要求に奉仕している。これらの読者の要求が、図書の提供により満足させられるような奉仕が行われたとき、図書の選択は、現実に図書資料の利用によって、正当づけられたということとなる。

図書選択に関する仕事の分量は、これを数字として計算する必要はない。それらは、注文して受け入れられた図書の統計として表われるからである。しかし図書の選択方法が、能率的であったかどうかを判断するために、一定の期間に――一カ月とか、三カ月とかに――書店から持ち込まれた図書の数と、そのうちからどれだけの数の図書が保留され、どれだけの数の図書が返却されたかを、一応はかってみる必要があるかも知れない。もしそれで図書の選択が能率的であったことが明らかとなれば、常にそれらの計算を継続してゆく必要はほとんどない。持込図書の数と購入図書の数との関係は、注文図書の数から、いつでも必要に応じてこれを求めることができるからである。[1]

読者が推薦し、要求した図書の数と、そのうちから採択して注文した図書の数と、採択しなかった図書の数とは、これまた一応は算出してみる必要がある。図書館の種類によっては、それらの要求について、一々正確な記録を最後的決定とともに残して置く必要があるかも知れない。しかし、それは統計目的から言うならば、価値があるかどうかは疑問である。図書の選択にとって役立つことは、読者の要求する図書資料の種類を知ることである。だから読者の要求数と、その採否の数との比率は、これまた特定の時期に、計算して統計を取っておけば、図書選択の参考資料として充分な価値をもつのである。

このように考えてくると、図書選択の過程に、正規の統計をつくる必要はなく、図書選択の結果が、図書の注文および受け入れとして現われてくるのである。図書館の報告書は月報にしても年報にしても、受入図書の数は、購入図書にしても、受贈その他の図書にしても、その期間において図書の選択者が、その重要な義務として遂行した仕事の分量を、統計的に示してくれるものであるが、その仕事の性質を記録したものではない。図書の選択者は、その義務を行うばあいには、その仕事の性質についての日記

1 図書選択の常道から言えば、持込図書の選択はまちがっているのであるかも知れないが、それは多くの図書館で行われている慣習である。

をしるすことが、最もよい記録をのこす方法であろう。少なくとも図書館長は、一時間以上図書選択の仕事をしたばあいには、それを一行の日記として記入しておく習慣をもつことは、利益のあるよいことである。図書の選択に関する反省は、このような記録のうちに培われるものである。

図書館の統計は、日計・週計・月計となって図書館長の手許に送られる。また各部課の報告書も、週報・月報として図書館長に提出され、それらが図書館長の年次報告のうちに取り入れられ織りこまれて、図書館の設立者（教育委員会）その他の監督官庁に送られるのである。しかし図書館の統計および報告書は、ただそれだけの意味をもつばかりでなく、これらの統計および報告書に基づいて、図書館幹部職員の決議が行われ、図書館の方針・計画も更新され、図書の購入・利用の指針ともなることが多い。責任ある図書の選択者は、これらの情報（インフォメーション）に注意を怠ってはならない。そしてそれらの資料を参考として、自主的に図書を選択するばかりでなく、選択した図書についての適否を評価し測定するために、増加した図書の利用状態についての報告を重要視し、その任務についての判断を研究する資料とすべきである（わが国の学校図書館が、統計や報告を重要視していない傾向は、奨励さるべきものではない）。

図書の選択者は、財政統計（現計報告）によって図書館の部局および出先機関がどれだけ図書費を消費したか、利用し支出できる費額がまだどれだけ残っているかを知ることができる。ここでいう部局と出先機関とは、公共図書館ならば本館（中央館）・分館・支館・閲覧所・巡回文庫・貸出文庫、および成人部・児童部・参考（図書）部・貸出（図書）部・特殊（図書）部などを意味し、大学図書館においては学部図書室・研究所・研究室・講座・特殊集書の意味である（わが国の大学図書館は、部局・講座がほとんど独立王国の状態であって、その割り当て図書費の範囲内において、時として浪費にちかい図書の選択が行われていると聞いている）。

図書の受入統計は前にも述べたように、図書選択の結果を示すものであるが、その利用の状態により、図書の選択者はこれに誇りと喜びとを感ずるばあいがあり、また時として今後の新しい努力の刺激ともなるであろう。そしてそれらの受け入れられた図書は、貸出部からの貸出図書の統計（利用統計）により、図書利用の傾向を知ることができる。地域社会の人々が何を読んでいるか、何を利用しているかによって、読者の要求の分量と種類とを知ることができる。もしその傾向がよい方向であれば、ますますこれを助長する図書選択を考えなければならないし、もし望ましからぬ傾向を示すばあいには、これに対応する方針をもって修正しなければならない。新着新刊図書の人気評判により、図書館の方針と資金の許すかぎり、その満足をはからなければならない。読者はその要求が満足されたときに、はじめて図書館を訪れるものである。

図書は選択され、集積されて図書館の蔵書を構成するものである。分類目録部の報告による蔵書構成の比率は、それによって軽視されている部類を明らかにし、不足している主題がわかり、それらの欠陥を補うための図書の選択が考慮されるのである。また蔵書の点検によって紛失図書を見つけ出し、疲れ切っている図書を発見し、これを補充し差し替えるには、どこに重点を置いたらよいかを洞察して、図書の選択方針を評価し、これを実践に移すのである。詮ずるところ読者の要求に出発し、それが現実にどんな結果を示しているかにより、図書の選択を支配する図書資源と図書費とを考慮し、図書館の方針・計画を修正・更新して、地域社会に対する図書館の奉仕価値を示さなければならない。

B　図書の淘汰

図書館の図書資料は、現実の、あるいは予想される読者の要求にもとづき、選択され受け入れられ、期待をもつ読者の必要を充たすものである。もし図書館の図書が、実際に読者の要求を満たすことができないばあいには、図書は書架で動かないままに眠っている。このように図書が利用されないのは、いろいろな原因が背後にあるのであって、図書の選択者はこれを探求しなければならない。それは読者の要求が充分に発展し、伸びていないためかも知れない。要求に応ずべき図書が、すでに時代後れとなっているからかも知れない。図書が余りに幼稚であるためか、あるいは余りに高尚に過ぎるために、読者に不適当で読まれないばあいがあるかも知れない。図書の外見が貧弱であるために魅力がなく、読者が手を出さないということもあるであろう。しかし、いずれにせよ、その図書が利用されていないという事実から、図書選択の責任者である図書館長は、その図書について再検討を行い、これを淘汰し、あるいは廃棄し、蔵書の更改《こうかい》を行わなければならない。

たびたび繰り返して述べているように、図書館は成長する有機体である。成長するにつれて図書館は、新しい図書を加えるが、同時にすでに収集したすべての旧い図書を保存しているのである。大学図書館・学術図書館・参考図書館・研究機関に付属する図書館は、将来の歴史家のために、あらゆる記録を保存しなければならない。そして小図書館といえども、これに倣うて郷土資料の保存につとめなければならない。しかし一般に普通の公共図書館・学校図書館および小さな大学図書館は、そのような大まかな無差別的集書による蔵書構成は許されない。それらの図書館の一般的方針としては、「活用される図書資料」という活動目的のもとに、図書の選択・収集を行い、これを継続してゆくように計画しなければならない。しかし、だからといって、蔵書のうちから一切の旧物を組織的に淘汰し、新しい図書をもってこれに代わらしめたらよいかというに、それは疑問である。そのようなことをすれば、あるいは図書館奉仕の能率を低減し、これを傷つけることが起こるかも知れない。従って図書の淘汰は、有能な図書の選択者が、新しい図書資料を選択するばあいと同じ標準を基礎として、書架にある個々の図書を検査し、聡明な判断が下されることを必要とする。

あり体にいって、わが国の図書館は開設以来、多くの図書を収集したにちがいないが、それらの図書は選択されたのではない。当面の必要に応じて掻き集められた集書であって、そのために時代後れの図書や、利用されない図書が貴重な書架に並んで、多くの場所をふさいでいる図書館が、なお不幸にして存在しているのである。例えば科学や技術に関する図書についてみると、最近これらの主題に関する学問の研究が著しく発達した結果、すでに時代後れとなった図書がある。また歴史や伝記に関する図書のうちには、近代的著述によって置き代えられなければならない図書がある。製本が立派で丈夫で、時には革表紙を使ってあるために、今なお幅を利かせている教科書（学問的な主題を取扱った医書・法律書など）がある。政治・経済・外交その他時事問題に関して、ジャーナリスチックに取扱った図書がある。すでに改訂され増補された文法書・辞書がある。これらの歴史的価値をもつ以外の何ものでもない図書が、蔵書の数をほこるという魔法的呪文と相まって、図書館の守護神であるかのごとくに鎮座している。それらが、図書をもって永久不変の備品とする支配的観念と呼応して、不用な図書の淘汰を阻むさまたげとなっている。

C　図書淘汰の必要と理由

時代後れとなっている不用の図書は、大胆に思い切って淘汰に手を著け、蔵書をアップ・トゥー・デイトなものに更改しなければ、地域社会に対する図書館奉仕を充分に、満足にすることは困難である。

（1）進歩的な図書館は、例外なしに開架制をとっている。図書館の開架制は、戦後はじめて、わが国では常道と認められたものである。その結果、読者の要求が端的に反映されるようになった事実。

（2）時代の変化が比較的に緩漫であった前の世界とくらべて、スピード時代の世界的動きにより、読者の図書に対する関心が変化した事実。

ブラウン（James Duff Brown）は科学的・技術的図書は、出版後二十年を経過するまでは、撤回してはならないと述べているが、もし十年前に出版された自動車の構造または修理を説明した図書が、図書館の書架に並べられてあったとしたら、それこそ世間から、時代錯誤の物笑いの種となるものであろう。

（3）図書がすでに疲れ切っているか、あるいは汚損しているために読者が手を出さないという事実。軽い小説の大部分や、時代的に関心をもたれる時事問題の図書は、製本をし直す価値を失っている。大東亜戦争といわれた太平洋戦争時代に出版された図書は、ほとんど公衆の興味と関心とを失い、また大部分は価値のないものとなっている。

時事問題を取扱った生命の短い図書は、図書館――とくに公共図書館に備えつけるものであるかどうか、問題として取りあげる必要がある。すなわちこれらの図書は、多くジャーナリスチックな一時的価値しかもたないものであるから、図書館には備えつけるべきものでないと論ずるものもある。しかしこれらの図書は、現に世界に発生し、または発展し進行しつつある事件や問題を取扱ったものであるから、これらの図書を備え付けるのは図書館の義務というべきであろう。貸出を中心とする進歩的図書館にあっては、これらの図書に対して読者の要求も強く、また多く読まれることでもあろう。時事問題に興味をもつ読者は、必ずしも歴史的学問に興味をもつとは限らない。時事問題の中心事実が歴史書のうちに書き加えられたからといって、読者は歴史書に関心を移すのではなく、次の同じような種類の時事問題に、興味が移っているかもわからない。

図書館長が交迭《こうてつ》したり、新任の司書がある部門、例えば児童室とか参考図書部を担当したりすると、過剰エネルギーを発散させるために、図書の一部淘汰というような無鉄砲な騒ぎが図書館に起こるかも知れない。また書架のスペースが必要であるために、集書の過大な部分を淘汰することが考えられるかも知れない。図書の淘汰は、いろいろな時期に、いろいろな方法で行われるべきものである。全面的に淘汰するばあいには、事情により図書館長または館次長が、あるいは他の部課長・係長・主任が、予備的考慮をしたうえ、ちがった趣味と関心とをもつ別の人によって精査せしめたらよい。それは人間の陥りやすい誤謬や偏見を、こうすることによって是正補塡することができるからである。また問題となる図書の価値に関しては、専門家に相談することが望ましいが、これは専門家に意見を求めるだけであって、決定までを委任するという意味ではない。

われわれは常に「動く図書館」を目標とし、図書館の書架を、「活きている」図書をもって充たすことをねらいとし、夢寐《むび》にも忘れてはならない。読まれない、利用されない図書が存在してはならないのである。しかし、ある種の図書に対する特殊な要求のあることも考えて、これを軽視し看過することがあってはならない。イギリスでジョン・ウエスレー（John Wesley）の改宗二百年記念祭が行われたとき、それが刺激となって、普通ならばとっくに廃棄されてもよい図書に対する関心が昂まり、多く読まれたという事実がある。郷土的国家的事件が、しばしば読者の特殊な要求を喚起することがある。

D　図書の別置と疎開

戦争中に貴重図書が安全な場所に、疎開されて別置されていた例がある。図書館で読まれない利用されない図書を、疎開して別の場所に置き、一時的淘汰を行うことが考えられる。

二年間一回も貸し出されない図書は、第一線の書架から後退させて別の書架に置き、代用板をもって所在を明示して置くことができる。そして更に二年間も、引きつづきなお読者の要求が無かったならば、目録だけはそのまま残して、図書は書架から撤去して別の書庫に収めたらよい。著者は京都のアメリカ文化センターで、これに類似した経験をもつものである。ただし、このばあいには、その図書の有る無しが、直ちにその図書館の奉仕活動に、邪魔とならないという保障が必要である。他面これらの図書が再び貸し出されるようになることは、よほどの弘報活動なり、特別な事情が発生しないかぎり困難といわねばならない。

中央図書館が大建築をもつばあいでも、その書架には制限があるし、増築・改築は容易なことではない。ヨーロッパの大図書館のうちには、その建物がますます上層に延びてゆく傾向があり、図書も形の大きさで書架に配列する方法をとっていると聞いている。それは地価が高いため、あるいはその他の事情で、図書館の建物が横へ発展するのを不可能にしているのであろう。そこで地区的に協定して、稀にしか読まれない図書の別置問題の解決を考えなければならない。一九〇二年、アメリカ図書館協会の年次総会がマグノリア（Magnolia）に開かれたとき、ハーヴァード大学総長エリオット博士（C. W. Eliot）から、この問題に関して提案があり、その翌年の年次総会がナイアガラ・フォールで開かれた際、三編の論文が提出されて熱心に討議されたが、その実現の道は遥かに遠かったのである。

一九二五年プロヴィデンスの各種図書館は、この問題を真剣になって研究したのち、共同の計画を立て、公共図書館の分館に共同貯蔵書架（storage stack）を設け、協定各館はそれぞれ、そのほとんど利用されない図書を、ここに別置疎開することとした。ところが、のちになってプロヴィデンス公共図書館は、この種の契約に加入する法律的権限をもたないことがわかったため、この計画は放棄のやむなきに至った。

このように一面には、この計画が早くも障碍に出あったことと、他面には別置すべき図書を選び出すことの困難と、別置図書を図書館の記録――図書原簿なり目録カードにマークすることの煩わしさと、中央の書架に別置貯蔵したのちの取扱い方などについて、充分に満足すべき解決方法が研究し尽されていなかったため、一時停頓《ていとん》したのである。しかしプロヴィデンス公共図書館は堅くこの観念を持し、一九二九年には分館の建物に貯蔵書架を獲得し、その館自身の別置図書を収容することとしたが、なお余裕のある書架を、他の図書館にも貸与することとした。

イギリスの国民中央図書館（National Central Library）の制度も、これに近いものではないかと思われるが、わが国の図書館も早晩、この問題にぶつかるであろうし、すでに書庫の狭隘《きょうあい》に当面している図書館もあると聞いている。これは一面には、中央図書館へ資料が集中された結果とも見られ、都市における分館制度の確立と強化、資料の分散と特殊化・専門化、図書館相互の協力提携による集書の分化など、問題の解決策が将来に考えられなければならないのである。ただ、わが国社会の封建遺制と図書館長のエゴイズムとが、これを阻むことはないかと憂慮されるのである。

E　淘汰する図書の種類

図書館の図書が読まれもせず、あるいは利用されていないのは、その取扱っている主題・人物・事件について、読者の興味と関心とがすでに消滅しているか、あるいは図書それ自身が、もはや時代後れとなっているか、もしくは他の図書がこれにとって代わって、その座を占めているのかも知れない。疲れ切って汚損している図書は、廃棄すべきは当然であるけれども、前に述べた時事問題に関する図書は、そうでないばあいには、その事実について関心がもたれるという点で、一部をある期間プール・ストックに保留しておくか、あるいは貸出部の図書から参考部の図書に移すのも一つの方法であろう。ヒトラーの伝記、ヒトラーの著書は、ある時代のわが国に影響を及ぼしたものとして、どこかにあってもよいものであろう。

郷土的に関心をもたれる図書は、決して廃棄してはならない。これは郷土資料のうちに加えらるべきものである。あるいは郷土資料に関して特別集書をもつ図書館に、これを提供すべきである。高価な専門図書は、古書であっても反故屋に手渡す前に、一応中央図書館と相談して、その処置を誤らぬようにしなければならない。「新版」とよばれる図書が出版されたために、同一書の旧版を淘汰するばあいには、(1)果たして実際に新版であるのか、旧版の重刷ではないか、あるいは同一紙型を使って、他の出版社が出版したのではないかを注意して調べなければならない。そして(2)新版であるにしても、実際に旧版とちがっている点を明らかにしなければならない。(い)本文が書き改められているのか、(ろ)補遺の程度にとどまるのか、(は)付録が付け加えられただけなのか、いちいち詳しく照らし合わせる必要がある。

もしその図書が確実に「新版」であることがわかり、その購入を決定したからと言っても、必然的に「旧版」を廃棄し淘汰するとは限らない。読者のうちには、その必要とする適当な資料を、旧版書のうちに発見することができるかも分からない。そこで若し旧版が余り汚損しておらず、また疲れ切っておらないならば、旧版の表紙裏に新版との相違点を書きつけた紙片を、貼りつけておくのも一つの方法であろう。それは、公共図書館ではともかく、大学図書館・学術図書館・特殊専門の参考図書館では、親切なやり方であると考えられる。分館に旧版があり、新版が中央図書館に備えられているばあいは、何らかの指示が必要である。

(1) 哲学・心理学・倫理学に関する問題を取扱った図書は、通俗的に書かれたものは、自由にこれを淘汰し廃棄できるが、読者の興味と関心とが薄らいだ図書は、これを後退させて別置してよいであろう。哲学体系に属するもの、独創的思想家の著書は保留しなければならないが、これに代わるものが出版されたときには淘汰してもよい。宗教史および経典の解釈は、これまた、これに代わるものが出版されたときに、個人的の宗教書ならびに説教集・講論集は、読者の要求がなくなったときに、書架から取り除くべきである。

(2) 歴史はこれに代わる図書が出版されたとき、また現代の事件を取扱った図書は、自由に淘汰したらよい。伝記は被伝者に対する興味が失われたとき、取除いて差し支えないけれども、多くの伝記書は参考図書としてプール・ストックにその位置を転換させることができる。地誌・案内書はこれに代わるものが出版されたとき、通俗的な旅行記は興味が失われたときに取り除く。

(3) 社会科学に関する問題の図書については、その理論および理論的解決を記述した図書は、その問題についての関心と興味とが失われたとき、外交・政治に関する時事問題の図書も、同じように淘汰することを一般原則としてよい。

(4) 科学書および機械などに関する通俗図書、教科書的な図書は、これに代わるものが出版されたときには取り除くが、古典に属するものは保留しなければならない。

（5）美術書は主として新版の、よりよい図書が出版されたときは別置する。音楽については、楽譜は製本して保存して置くがよい。そうすれば割合に永く生命をもつものである。古典音楽は汚損して疲れ切ったら差し替える必要がある。しかし通俗的のものは、それに対する興味が失われたときには廃棄したらよい。

（6）言語部門においては、時代後れの教科書・旧い文法書・辞書の類は、思い切って淘汰してさしつかえない。

（7）文学書については、一般の要求のとまったときは、文学的価値の認められたものを除いて淘汰する。詞華集（アンソロジー）は、これに代わる有力なものが出版されたときには取除いてもよい。

以上は図書の淘汰について、一般的な原則を挙げたものである。もし図書の淘汰を決定したばあいには、関係部課・機関において詳細かつ完全な記録をつくり——標準型のカードを使用することが便利であろう——廃棄か、他の部局への保管転換か、中央集書への転位か、差し替えを必要とするのか、それぞれ意見を具体的に記し、あるいは勧告する記事を載せ、図書選択の責任者——図書館長——に提出して承認を得なければならぬ。廃棄のばあいは、更に正式の手続きが必要である。差し替えを要求するばあいには、希望する版についての出版年・版次等の特定事項を記入しなければならぬ。そして差し替えを要する図書もまた、通常の図書選定委員会にはかり、通常の図書購入手続きを経なければならない。

そのときカードを使用するとすれば、通常の選択注文図書と区別するため、差替図書のカードの色をちがえて置くことが望ましいのである。

F　蔵書の更改

蔵書の更改とは、継続的に、かつ組織的に、図書の分類区分に従って図書館の蔵書構成を変更し、最もアップ・トゥー・デイトな線に沿うて図書を運用するために、図書館のもっている文献を主題ごとに、数年を期して更新させることを目的とする過程である。この過程は図書の淘汰・廃棄とあわせて、これらを補助的な手段と見て実施すると、非常に利益があり、役立つものである。

これからのわが国の図書館が、開架制の館内閲覧から更に館外貸出制へ進行するとき、ある主題に関しては高い価値をもち、スタンダード・ワークと見られる図書であっても、貸出部の手からは一向に利用されない図書がある。すなわち価値理論によって選択された良書が、要求理論に適合しないために居眠っているばあいである。例えばある地域社会に五つの図書館があったとして、それぞれの図書館が五部の価値ある同一標準的図書を購入しても——単純な入門書のばあいでも同様——実際には一部ないし二部あれば、その地域社会の読者を充分に満足させることができるとすれば、その動かない当該図書を抱えこんだ図書館では、その図書の属する部門の貸出比率は低くなる。このようにして貸出図書の減少したときには、その部門の蔵書が不適当な図書を備えている結果と見なければならない。そして図書の選択者は、この事実を確認するように努めなければならない。このばあい、それが確認されたならば、図書館長は不用図書のために図書費を浪費したといわれても、弁護の余地はない。

図書館の蔵書更新は、貸出図書の増減をもって基準とするのが常道である。ある主題についての図書の貸出が増加したときには、図書の選択者はその分類綱目に属する図書を、増加することが望ましいのではないかと検討する必要がある。読者は、図書館の優れている部門に殺到するものである。そして有力な部門の図書に対して重大な批評を下し、ますます図書の増加を要望してくるものである。図書館の弱体な部門は、いつまで経っても弱体なのである。読者が弱体な部門に近よらないのは、商人が無理な冒険を試みて破産することを好まないと同じようなものである。図書館が読者の要求を満たすことをしなければ、読者が図書館を利用することをしないのは当然で、読者の利用を期待するのは無理な話である。同時に供給がまた、需要をつくることを知らなければならない。それだからこそ商店は、商品を店頭に陳列し、展示して顧客を誘うているのである。

蔵書更新の方法は、新しい図書館のために図書を選択するのと同じである。一般の書誌・特殊の書誌を照合し、他の図書館の目録や館報を参考にし、図書費の限界において望ましい蔵書構成に近よることである。常に図書選択の一般原則と特殊原則――それは地域社会と図書の主題との関係について――とを一致させなければならない。そのばあいに地域的に、どの図書館が、ある特殊の資料を集めるかを決定することができれば、それは図書の選択に非常なプラスとなるであろう。そうすれば一層高価な図書なり、その他の図書を追加するために、自由に図書費を支出することができるし、読者はその要求する主題に関し、また他の主題に関しても、広く自から欲する図書を選択することができるであろう。

Ⅸ　図書選択者の資格・能力・特性

図書館の図書選択は、図書館職員がこれを行うものであることは、冒頭において述べて置いた。そして図書選択の権威は図書館長によって行使され、図書館長は図書選択の最終の責任者であることも指摘して置いた。しかし図書館長は万能でもなく、独裁者でもない。したがって図書の選択は、図書館の幕僚である副館長（館次長）以下の責任ある部・課・係長をはじめ、多くの職員のチーム・ワークであることが望ましいこともまた、すでに述べたところである。図書館の図書選択者は、合成的人格であるということができる。これらの図書館スタッフが、図書の選択に、その時間の一部あるいは大部分を費したとしたら、その人の図書館における地位が何であろうと、その職名を何といおうと、それは図書選択のために費された時間であり、その時間のあいだは、どんな仕事を他にもつものであっても、事実において図書の選択者なのである。

図書の選択者が、その仕事をするばあいに、どんな資格と能力とが要求されるか。どんな教養を身につけて置かねばならないか。どんなパースナリーティが必要であるかを考慮し、ここにこれを論じておくことが、図書選択の職務遂行に便利であると思われる。

A　ライブラリアンシップとは何か

ライブラリアン（図書館司書）とは、図書館の管理者をいうのであることもまた、前述して置いた。むかしの図書館職員は、現在の図書館職員よりも図書の保存に重責を感じていたことは、当時の図書の数が少なく、価格も高く、ある主題に関する図書の数も制限されていて、ほとんど学者の利用するところとなっていた。したがって図書館の利用者は、その要求する図書を正確によく知っており、更めて図書館職員の指導をわずらわす必要はなかった。このような時代に、図書選択者の資格能力が、多く考慮に上らなかったのは不思議とはいわれない。

しかし今日では、一般に学者が図書館を利用することは、むかしに変わらないし、その上に多くの専門家とよばれるものもいる。しかし図書館は同時に、地域の庶民のために用意されなければならない。一般に言えば、彼等は知識や情報――インフォメーション――を求めて来館するのであろうが、またしばしば、近代産業世界の勤労から解放されることをめざしている。ここに過去の図書館と、近代の図書館との相違がある。だから図書の保全が、図書館職員の重要な責務であることに変わりがなくても、更に進んで図書を利用し、最も広く且つ最も有利な条件で、図書と読者とを結びつけることに、近代のライブラリアンは意を用いることとなった。それも単なる結びつけでなく、それが正しい結びつけでなければならない。すなわち近代文明世界の第一義的要素である図書を、本質的に活用させる者として、図書館司書の登場が期待されるのである。こうしてはじめて図書館が、近代世界の社会機構において、必然的要素を構成するのである。そこに図書選択の本質的なものがあり、図書選択者の資格・能力に対する要求が存在するのである。

そこでライブラリアンとよばれる近代の図書館職員は、新古の図書を生まれながらに愛好し、図書についての知識を豊富にもつばかりでなく、過去・現在・未来の世界についても知的関心をもち、豊かな常識を備えた、機転の利く者でなければならない。幅の広い抱擁力《ほうようりょく》に富んだ自由人でなければならない。しかも世人の図書館職員を見る眼は、決して正鵠《せいこく》を得ているとはいえない。図書館に職を求める青年が、読書を熱望することを誇らしげに語るが、図書館職員が読むのは、図書を選択するために書評をあさり、正しい分類と目録とで図書の整理を意図するのである。ライブラリアンシップとは図書の出し入れをするだけの職務ではない。書架の整理だけでもない。専門職（profession）としてのライブラリアンは、医者や弁護士と同じように、近代社会の幸福と利益のために、個々の読者が反社会的でないかぎり、彼等に奉仕する責任を果たすことのできる資格と能力とを備えなければならない。

よい図書館員というのは、どれほど長い学校教育の期間を過ごしたからといって、それで十分だとは言われない。また図書館技術の訓練が、どれほど練達の域に達したからといって、それでよい図書館職員ができるとも言われない。一般的の教養と、技術的訓練と、図書館経験と、人間的性向とが融合して、はじめてよい図書館職員ができるのであろう。言いかえれば、ライブラリアンシップとは、よい教育をうけ、多くの事象に広い関心をもち、図書館に来るあらゆる種類の人々に対し、それぞれの個人的動機と能力とに同情ある理解を払って、それらの人々を助けるために、組織的行政的知識と能力と特性とを具えた人々のための職業である。よい図書の選択者は、まずもってよい図書館職員として、ライブラリアンシップを身につけなければならない。

B　一般教育と専門教育

図書館職員の教育として必要なものに、一般教育と専門教育とがある。図書館の技術的訓練は、図書館職員の専門教育として、欠くことのできない資格要件であるということができる。図書の分類・目録・保管、その他の図書館実務に通じなければ、図書館の運営を正しく施行することができないのは言うまでもない。しかしよい一般教育をうけた男女は、必要な機会が与えられれば、図書館技術の知識と訓練を学び、専門教育を受けることができるけれども、図書館技術の知識と訓練だけでは、図書館司書の資格としては不十分である。ライブラリアンシップは学問を必要とする専門職であり、図書の選択者もまた高い教育と、広い深い教養とが期待されるのである。

すでに述べたように、図書館の種類は、一般の公共図書館のほかに学術図書館・参考図書館・専門図書館・特殊図書館がある。これらの図書館の管理と運営には、いずれも高度の知能と技術とを必要とする。今から十年後をまつまでもなく、現実に図書と読者とに関心をもつ知性を具えた教育のある男女は、ただ図書館技術だけで一般に知的教養の基礎の欠けた人々よりも、図書館職員として成功することは容易に理解できるであろう。そのために図書館職員としての教育水準が高められ、一応、大学教育の課程を終えていると否とが、司書と司書補との限界となっているのでも認証される。それは大学教育が、学問とは何か、教養とは何か、ということを理解するのに役立つからである。図書の選択者としても、その知性の厚さと幅と深さとが要求されるからである。しかしそれは決して無条件であるのではない、一般教育が図書館技術を将来にのばしていく能力をもっていることにかかっているからである。

公共図書館では、他の主題よりも社会科学についての読書相談なり参考事務が著しく多いといわれている。図書館職員はそれらの知識のうえに科学・技術の知識をもつならば、それこそ鬼に金棒というべきであろう。哲学・宗教・歴史・美術・劇・音楽・スポーツなどにも関心をもち、ただ教室で講義を聞くだけでなく、進んで課外活動にも加わり、生まれながらにもつ興味の基盤の上に、個人的の読書と研究とが加わり、図書に対する鑑識眼が、図書に対する愛好心とともに築かれてはじめて、図書を選択する判断力が発揮されるようになるのである。

図書の選択者としては、一般教育のほかに、専門教育を必要とすることは論をまたない。(1)図書の選択に関する理論はもちろん、(2)書誌学、とくに古文書学、図書・印刷・出版についての歴史と実際、（3）文学史、（4）目録・索引・分類の知識はもとより、（5）図書館の組織と実務、および（6）図書の運用方法を修得するならば、図書館管理の全体を洞察することができるし、図書の価値と利用とについて学ぶことができるし、図書館の実務と、その過程とを調和する方法を会得することができる。こうして図書館の各部門――注文・受入・分類・目録・書架配列・貸出・帯出の各部門の相互作用に通ずるとともに、各部門に共通する図書の選択に貴重な訓練を身につけることでもあるし、図書選択に利用できる文献を知ることもできるし、出版社と出版物とを批判する実際の教育ともなるし、図書の選択後に必要な手続きもわかる。そのほか（7）社会学、（8）社会教育、（9）心理学、（10）ジャーナリズムなど、最少限度でも司書講習の科目に通じておくことが望ましい。

C　図書館の経験

図書の選択は、図書の選択者の一般教育と専門教育とを基礎とするものであるが、同時に図書館の経験が、図書の選択者にとっては貴重な要素となるのである。すなわち図書選択者の判断力は、図書館経験を通じて成長し円熟し、図書の選択を老巧ならしめるものである。経験学派に属する人々が、図書の選択を一種の技術であるというのは、図書館経験を積んだことのない図書選択者の判断は、一種の理論家のそれにとどまるからである。それはなお経験の伴わない教育が、一種のペダント（腐儒《ふじゅ》）を作るに過ぎないのと同様である。しかしまた、教育を基礎としない経験は、偏狭な俗物をつくると同じように、判断力を伴わない図書館経験は、結局頑固な——時として栄養失調に陥っているような保守家をつくるに過ぎない。図書館経験は、図書選択者がもっている教育に研きをかけ、イブシを加えることである。

図書館の経験は、実際に図書館の各部門に就いて専念することにより、はじめてこれを体得することができる。その職種は何であろうと、参考事務でも、読書相談でも、貸出事務でも、児童司書であっても、それは多く問うところではない。もし蔵書構成に深い注意を払う図書館司書であれば、分類・目録の仕事に従事していても、図書の選択者として立派な資格能力をもつものといえる。またそれらの助言と忠告とには、図書の選択者は十分の敬意を表しなければならない。旧時代の図書の選択は、出納事務から遠く離れて、読書大衆と接触することのごく少ない、九重の雲深きところに鎮座ましましていた図書館長や、主席司書によって決定されていた。なるほど、価値のある図書は収集されていたかも知れないが、しかしそれはすべて地域社会の要求とは没交渉なものであった。こうして図書館は、地域社会の読書大衆から游離し、社会的勢力から取り残されるに至ったものと考える。

図書の選択者は、できるだけ広く地域社会の読書大衆と接触する機会を多くもつ職種——貸出事務・参考事務・読書相談・児童司書——を通じて、図書館の経験を積むことが望ましい。こうして始めて地域社会の読書大衆が、何を図書館に期待しているかを知ることができるようになる。同時にまた読書大衆とのつながりを通して、彼等に対する自からの意識と同情とを深くし、鋭くすることができる。これらの資格を欠いては、図書館奉仕は空の空なるものであり、から廻りに終わらざるを得ない。読書大衆に対する広い知識と深い同情とが、彼等の要求を満足させる本質的要素なのである。

図書の選択者はまた、地域社会の読書大衆との交渉により、彼等の利用している図書の価値を知ることができる。そしてある特別な図書が、ある特別な個人の読書にどんな価値をもつかということを洞察し、予想し、また想像する態度を養うことができる。仮りに彼等の読書が自分の希望とは反対であっても、他人の希望を承認する寛大な態度を、そこから学びとることができる。さらに自からの趣味の限界を広くし、自己の好き嫌いを従属的地位に立たせ、宏量な態度を養い育てていくことができる。

完全な図書館司書というものは存在しない。過去において存在していなかったように、将来においても存在するであろうとは考えられない。しかし、よい図書館司書はたしかに存在しているし、よりよい図書館司書もまた、その存在の可能性が十分にある。そこに、われわれは希望と勇気とをもつものである。しかし人間の究極目的は人間となることである。図書の選択者は、よりよい図書館司書となる前に、よりよい「人間」となることを志向しなければならない。

D　図書選択者のパースナリティー

どのような事業でも、その事業に従事するものの個人的特性が、その事業を左右する力となることは言うまでもない。よい図書館司書は文献に関する豊富な知識をもち、これを図書館技術と融合調和させ、読書大衆の前に図書を展開させることを理想とするものである。よい図書館司書は信頼に値する人物であり、豊かな知識をもち、能率的で、熱心で忍耐深く、かつ平静かな心の持ち主でなければならない。しかしよい図書館司書のもつ特性は、本質的には同一であるにしても、目録・分類を担当する司書と、参考事務を取扱う司書と、貸出読書相談に従事する司書と、児童室を受け持つ司書とでは、それぞれその仕事の性質により、濃淡・厚薄・軽重に多少のちがいの生ずるのは当然というべきであろう。そこで、ここに少しく、図書の選択者の特性について考えてみることとした。

1　判断力

図書の選択は、図書選択者の聡明な判断によって行われる。（a）図書館の蔵書が、価値の乏しい図書をもって充満してはならないように、利用されることの少ない図書で構成されることも望ましいことではない。一般図書館のばあい、余りに多くの費用を稀覯書・専門書に投ずることは戒めなければならない。（b）一部の好事家・愛書家を喜ばせるよりも、地域社会の読書大衆を保護してやらなければならない。（c）新聞・雑誌の広告文・宣伝文に惑わされることなく、図書館の設立目的に従い、図書選択の方針に準じ、図書選択の基準に拠り、それらに合致するように注意して図書を選択しなければならない。（d）直ぐにも注文しなければならない図書と、時間的余裕を置いて、世間の動向を見定めたのちに購入する図書と、それぞれ適当な時期についての判断を定めなければならない。（e）見計らい図書を持ち込む書店と、図書を発注する書店と、それぞれの特色を弁別し、その選定を誤らないようにすべきである。

2　文学的鑑賞力

同じ主題の図書のうちから、図書館にとって真に適当と思われる図書を選択することは、図書選択者の判断力に待つところが多いのではあるが、また図書選択者の文学的鑑賞力によることも少なくない。(a) 選択された図書は、選択者のすぐれた健全な鑑賞力の結果であることを知らなければならない。(b) またその鑑賞力が旧来の著者とは別に、新しく擡頭《たいとう》したニュー・フェイスを評価し、これを発見することを喜びとすべきである。(c) そのためには広く読み、とくにすぐれた文章で書かれた書物を読むことを楽しみとしなければならない。

3　専門的知識

専門的知識の必要については、くり返しくり返し、くどいほど述べてきたから、このうえ多く語らなくともよいであろう。(a) 図書についての知識が、図書の選択には根本となるのであるから、その研究を怠ってはならないことはもちろん、(b) 著者について、出版社についての知識を広くし深くし、それぞれの特色とするものについて知らなければならない。(c) 基本図書目録・選定図書目録・推薦図書目録などの、図書選択の道具 (tools) となるものについて知り、どのように利用したならば、図書選択の目的を達成することができるかを研究しなければならない。(d) 図書選択の方法についても常にくふうをこらし、これを最善のものとするには、どのように改善したらよいかを、いつも念頭に置くことを忘れてはならない。

4　公正無私

誰でも抵抗の少ないところに向かうのは自然であるが、図書の選択者はこれを避けなければならない。(a) 自分の好きなもの、専門とするところのもの、趣味とするものは差し控えて、得意でない主題の図書に野心を寄せて選択する意欲をもち、努力することが望ましい。これもまた一種の訓練なのである。(b) 読書大衆のうちでも、自分の仲間と見なされる階層のための図書の選択は、前面に押し出すことを慎まなければならない。(c) あらゆる階級、あらゆる種類の読者のために、すべての部門にわたって公平に図書を取扱い、最もよい読物を選択しなければならない。偏見と偏頗《へんぱ》は禁物である。

5　周到な注意

油断をしていると、図書選択の最善の機会さえも遁《のが》してしまうものである。(a) 図書館の所在する地域社会のもつ関心は何か、その要求しているものは何か。それらを把握するために、周到な注意を払うことを忘れてはならない。(b) 油断をしていると、徒らに過去の夢ばかりを追うていて、現実の活きた姿を見失っていることがある。これまであきらめていた図書資料が、案外にも指呼《しこ》のあいだに見出されることがある。図書資料を捜すときに、見落しのないようにしなければならない。(c) 新刊図書の広告・書評・情報に、絶えず注意を払うことを怠ってはならない。

6　知性（intelligence）

地域社会が要求しているものに対し、その由来を徹底的に糾明《きゅうめい》し、その要求は（a）どんな人々が、（b）どのような目的で、（c）どのような理由から、（d）どこで必要とするのであるかを考究し、この必要に適応させるためには、（e）どのようにして、（f）どこから図書資料を入手できるかを調査して図書を選択しなければならない。（g）予算に縛られた窮屈な考え方をしないで、予算の活用をくふうすべきである。そのために、（h）他の同僚なり、地域社会の専門家に、図書の選択について協議し相談する時期は、いつが適当であるかを考えなければならない。

7　想像力

図書の選択者は、（a）図書館の図書を利用する読者群像をいつも脳中に描いていなければならない。ひとり図書館に来て図書を利用するものばかりでなく、（b）図書館に来ても十分にその要求を表現できない読者、（c）図書館の門をくぐらない潜在的読者の要求を予想し想像して、図書を選択しなければならない。（d）もし図書館が特別集書をもっているならば、その可能性の限界を知り、地域社会への奉仕を想像しなければならない。（e）また選択された図書が、図書館のスタッフなり読者なりに、どんなに利用されるかを想像するのもよいことである。

8　読者に対する関心

図書館の図書の選択は、地域社会に奉仕するための過程である。したがって図書の選択者は、（a）

その地域社会でどんな事業が営まれ、（b）地域社会の住民がどんな知的・社会的活動をしているか。（c）どのような宗教的感化が及ぼされているかを知らなければならない。わが国ではアメリカの地域社会ほどに、人種的・民族的・宗教的複雑性はないが、図書の選択者は地域社会の人々に愛情を発揮しなければならない。そして（d）彼等と生活を共にし、いろいろな会合にも出席し、各種の団体にも属し、これらの人々が何に興味をもち、何事に関心を抱いているかを知らなければならない。（e）図書は万人のために存することを考えて、図書を選択することを忘れてはならない。

9　職務に対する興味

図書館の仕事は、年がら年中、愉しいことの連続ではない。時には暗い憂うつなこともある。食事時間が不規則であったり、超過勤務が次から次へとあったりして、面白くないことがしばしばある。こんなに新刊書が氾濫するから、図書の選択に忙殺されるのであるという歎声《たんせい》は、偽りのない真実の叫びであろう。しかし図書の選択者は、（a）新刊の図書がどんな効果を挙げるかを予想し、その潜在的可能性について張りきった関心を示し、図書を取扱う仕事に歓びを抱かなければならない。（b）新しい図書に接することは、自らを教育する新しい機会であると考え、新しい図書を歓迎し、多くの分野にわたって広く読書する習慣を活発に持続しなければならない。（c）そうすれば時間の延長も苦にならないであろうし、また時間を程よく調節して使うように熟練するであろう。

10　主導性

図書の選択に関心を深め、（a）他人に教えられてイヤイヤながら、ただお座なりに図書を選択するのではなく、進んで新しく図書選択の範囲を拡張する覚悟をもって出発すべきである。そのためには、（b）図書選択の新しい補助機関を設定する必要が起こるかも知れない。そして、（c）ある主題については図書資料の不足しているのを発見してこれを補い、（d）また他の主題については、図書資料の利用頻度から、複本を備えて強化することも必要であろう。

11　協力性

図書館内部の（a）参考事務・読書相談・貸出などの各部門と連絡・協力して、地域社会の要求が何であるかを発見しなければならない。（b）図書の選択に関し、図書館の他のスタッフの意見を叩き、また図書館外の専門家を訪問し、図書選択の参考資料を集めなければならない。（c）図書選定委員会が開かれたときには必ずこれに出席し、寛容な精神をもって他の委員の意見を傾聴しなければならない。

12　好奇心

図書の選択者は、（a）その地域社会において、また地区的・国家的・国際的に発生し発展する内外の時事問題に注意し、これらの問題について平生から興味と関心とを抱くようにしなければならない。そのためには（b）あらゆる機会をとらえて、新しい事物を学びとることにつとめなければならない。図書の選択者は自己の読書に関心をもつことはむろんであるが、（c）常にその範囲を拡大することにつとめると同時に、またこれを深く堀り下げることを忘れてはならない。

13　創意工夫

（a）要求された高価の図書に代わる廉価の図書を発見する事は、図書の選択者にとっては大きな喜びである。しかもその図書は、読者の満足するものでなければならない。それは（b）図書費を最大限度に利用するように、平生から心掛けている図書の選択者によって始めて可能である。（c）図書の選択者が専門的知識に乏しい、不得意とする図書——例えば科学書・実業方面の図書——を選択するときには、それぞれ専門家のサービスを得なければならないが、いつでもその援助を受けられる用意をととのえて置かなければならない。図書の選択者は（d）遊休資源——常に余り利用されていない図書——から、図書館が必要とし利用できる図書資料を、いつでも融通してもらえるような準備をしておかなければならない。

14　組織の運用

図書の選択者は、（a）図書選択の組織が、確実にその手続方法を維持することができていて、図書選択の細目についても容易に、いつでも進行できるようにして置かなければならない。（b）新しく出版された文献目録を処理し、これを照合し利用するのに最も効果的な方法をくふう考案すべきである。（c）図書の選択が決定されるまでの考査途中の記録資料は、すべてたいせつに保存しておくこと。（d）また図書選択に記録と図書館の財政的記録すなわち注文伝票・受入伝票とが一致し、相互の関係を明らかにして置かなければならない。

15　記憶力

図書の選択者は記憶力が強くなければならない。（a）できるだけ多くの著者について、またその著書について知らなければならない。（b）古典はもとよりスタンダード・ワークについて、新刊の著書についても知らなければならない。（c）図書館の蔵書構成についても掌を指すように、隅から隅まで知っていなければならない。そして特に（d）その図書館が展開してゆくのに必要である主題について、充分にこれを知らなければならない。（e）出版社とも緊密な交渉連絡をもち、その出版物についての知識をもつことが必要である。（f）また図書館で、これまで備え付けることのできなかった項目を記憶して置かなければならない。小形の手帖をポケットに入れて置いて、必要な事がらをメモして記憶を助ける用意が望ましい。

16　責任感

図書の選択者は責任感が強くなければならない。（a）その選択を決定した図書については飽くまでも責任を負い、無用な弁解の言葉を弄してはならない。図書の選択に関するかぎり、天下無敵の図書館であることを誇りとする自信があれば、それが正当と認められたときには、地域社会から尊敬をかち得ることとなる。（b）図書選択の仕事に情熱を傾け、他から求められるまでもなく、自分の義務を遂行しなければならない。しかもただ（c）割り当てられた義務を忠実に行うばかりでなく、割り当てられない義務でも進んで買って出て実行することが望ましい。（d）要求された仕事は手早く完遂し、十分に注意して細目にも手落ちがないようにしなければならない。上司の好感を博するという意図からではなく、図書館の方針を遂行するためには、自己の能力を傾倒する誠実が望ましい。

17　正確性

（a）図書選択の記録、書誌・書目の照合は注意深くこれを行い、正確を期しなければならない。正確は同時に精確である。（b）図書の選択者が図書を注文する以前に提出する情報は、著者・書名・出版者・出版年・版次・価格について正確を期し、誤謬のないようにしなければならない。（c）図書選択に関する記録の綴じ込み、カードの配列が正しく行われていなければならないことはもちろんである。

18　力強い性格

（a）図書館の図書選択の方針は、良識を基整として聡明に樹立されなければならないが、同時に力強くこれを維持し、遂行しなければならない。（b）図書館の読者を指導し、図書の選択について図書館の方針に同調させるようにしなければならない。（c）自己の図書選択の判断力を図書館幹部の会議で説明し、弁護し納得させて、信頼心をもたせるようにすることが望ましい。

19　機　転（tact）

（a）図書選択に関して図書館スタッフの意見を求め、これをフルに利用することにより、彼等が図書の選択に喜んで協力するように仕向けることが望ましい。ひとり参考事務・読書相談、貸出事務からだけの意見でなく、児童部・分類目録部などからの意見を徴しなければならない。（b）各部の推薦する図書を選択するばあいには、摩擦を生じるのを極力避けなければならない。（c）読者から推薦する図書については慎重を期し、十分に意見を交換し、縦横に折衝することが望ましい。それは権謀術数を弄するという意味ではない。（d）図書の売り込み人に対しては、彼等の感情を害することをしないで、これを追い払わなければならない。しかし（e）すべての訪問客に対しては、それが図書の売り込み人であろうと、出入りする書店の店員であろうと、これを鄭重《ていちょう》に待遇しなければならない。すべて人と接触するときには、常に愉快で楽しそうな態度を失ってはならない。アメリカの図書館司書の資格として、smiling face（笑顔）とsmiling voice（註＝聞く人に快感を与える音声の意味？）とが挙げられているが、後者は決して饒舌に流れてよいという意味ではあるまい。人をそらさぬ機転と、要領を得た応待とが必要である。ウィットとユーモアとが望ましい。

20　敏速な処理

図書の選択を、（a）時間的に敏速に処理すること。読者の要求を見通し、予想して図書を選択し、敏速にこれを提供すれば、読者の喜びは必然である。そのためには（b）図書を速読する習慣を養い、時間の浪費を避けなければならない。ツンドクは図書の選択者には禁物である。（c）自からの知識を最大限度に活用して、図書の良否・適不適を速かに判断できるように、習慣づけておかなければならない。（d）書誌・書目の照合も敏速に行わなければ、その書誌・書目を必要とする他の人の不便と不利益となるものである。

21　順応性

図書の選択に当たるばあいに、（a）一つの主題から他の主題に敏速に転換できるように、心のゆとりを持たなければならない。小説の選択から社会科学の図書へ、伝記書から音楽書へ、いつでも図書選択の態度や心構えを変えることの用意がなければならない。一つの主題に釘づけになって愚図ついていたのでは、図書選択の能率はあがらない。（b）図書の選択者が定見をもつということは、たいせつなことにちがいないけれども、余りに執拗にこれを固執することは利益とならないばあいがある。（c）図書館を地域社会に、読書大衆に適応させることに務め、いろいろと読書の問題が起こったときには、オックウがらないでテキパキと処理し、気軽に対応しなければならない。

22　健　康

図書の選択者は、（a）その仕事に肉体的にもよく適合し得るように注意しなければならない。図書館の仕事はブラウンが言っているように、head（頭脳）とhand（技術）から成り立つものである。デスクで図書を取扱い、または読んでいる時間よりも脚で立って働くことが多いばあいがある。視力と聴力とにハンディキャップをもつものは、早く診断をうけて療治して置かなければならない。図書の選択者は、（b）とくに視力の保護を怠ってはならない。（c）神経的に極度に緊張することも避くべきである。

23 誠 実

とかくに茶を飲み、煙草をふかし、無駄に時間を浪費する傾向の多いのは、わが国人の一般的通弊であろう。(a) 図書の選択に従事している間はこれに精力を集中し、これを持続して中途で放棄することをしてはならない。(b) 半ぱな時間ができたならば、それを利用して図書の選択をするぐらいな積極性が望ましい。

以上かかげた図書選択者としての特性が、すべての図書館司書に完全に具えられているというわけでないことはむろんである。このほか図書館司書としては、時間的にも規則正しくなければならないとか、服装をキチンと整えて清潔であることが望ましいことなども、その人物が自堕落でなく、その方法が几帳面で欠陥のないことを示す証左ともなるのである。しかし或はここに挙げた事がらは、余りにも理想的であると批評されるかも知れない。だが、もしよい図書館司書となり、責任ある地位に就こうとして、前途に大きなアンビションを抱いて努力しているものに取っては、自分の欠点と思われるものを克服・是正し、弱点とするところのものを補足・強化し、図書選択の実際過程を通じて自からを養い育て、自らを発展させていくことができるであろう。

図書の選択者は意識的な実際の行動を通じて、その身につけた教養を増大し強化していくことができる。音楽の知識をもつものは音楽の文献を通じて、社会学・経済学に興味をもつものは社会問題・社会事業に関する文献において、詩や劇に関心もつものはそれぞれの分野で、自分に適した方法を応用して、図書を選択する喜びを感ずるにちがいない。あるいは独自の読書計画を立て、日本歴史のある時代であるとか、ある作家について自己の読書領域を定め、書誌を通じて資料をあつめ、これを身につけることをすれば、その知識はやがてまた図書館奉仕の面にあらわれ、その利益は図書館に還元されてくるのである。

図書の選択は一つの目標に向かっての一種の技術であるが、図書選択者のうちに消化された知識と訓練と経験とが、その特性を通じて一つの結果として現われてくるのである。それは図書の選択者にとって限りない喜びであるが、同時に、それはまた「最もよい読みもの」が最も多くの人々に奉仕する喜びとなるのである。

図書の選択者に栄光あれ！

参考文献

Bascom, Elva Lucile: Book Selection. Rev. ed. Chicago: A. L. A., 1925 (Manual of Library Economy, 16)

Bonny, Harold V.: A Manual of Practical Book Selection for Public Libraries. London : Grafton, 1939.

Drury, Francis Keese Wynkoop: Book Selection. Chicago: A. L. A., 1930. (Library Curriculum Studies)

Drury, F. K. W., and W. E. Simnett: What Books Shall I Read? Boston: Houghton Mifflin, 1933.

Haines, Helen E.: Living with Books; the Art of Book Selection. New York: Columbia University Press, 1935. (Columbia University: Studies in Library Service, No. 2)

McColvin, Lionel Roy: The Theory of Book Selection for Public Libraries. London: Grafton, 1925.

Shuman, Edwin Llewellyn: How to Judge a Book; a Handy Method of Criticism for General Readers. Boston: Houghton Mifflin, 1910.

Waples, Douglas, and Ralph W. Tyler: What People Want to Read About; a Study of Group Interests and a Survey of Problems in Adult Reading. Chicago: A. L. A. and The University of Chicago Press, 1931.

Wellard, James Howard: Book Selection; its Principles and Practice. London: Grafton, 1937.

Williams, Reginald Gordon: A Manual of Book Selection for the Librarian and Book-Lover. London: Grafton, 1920.

Wilson, Louis R., ed.: The Practice of Book Selection. Papers Presented before the Library Institute at the University of Chicago, July 31 to August 13, 1939. Edited with an Introduction by Louis R. Wilson. Chicago: The University of Chicago Press, 1940.

図書館教育研究会　学校図書館資料の選択　東京　学芸図書　昭和二十八（学校図書館学叢書　第四集）

彌吉光長　図書の選択　東京　理想社　昭和二十五　（図書館実務叢書）

索引

かな

あ

い

う

え

お

か

き

す

せ

そ

[著者]：竹林熊彦（たけばやし・くまひこ）

図書館司書、西洋史学者、図書館学者。千葉県に生まれ、私立明治義会中学校、同志社専門学校文学科、京都帝国大学文学部史学科西洋史科最近世史選科で学ぶ。ハワイに渡航し、日系紙『日布時事』記者、『布哇家庭雑誌』編集主幹、『大阪毎日新聞』特設通信員を務める。帰国後、京都帝国大学嘱託となり、内田銀蔵（国史学）や新村出（言語学）に師事した。同志社大学予科教授などをつとめた後、1925年九州帝国大学司書官となり、長年にわたり歴代館長を支えた。また、青年図書館員連盟に参加し、帝国学士院より研究助成を受けて図書館学を研究。図書館関係の論文を多数執筆。1939年京都帝国大学司書官に転じ、1942年関西学院大学図書館司書となる。戦後は日本図書館研究会の創立に関わり、文部省図書館専門職養成講習講師として、天理大学や京都女子大学などで図書館学を講じた。点字図書館運動にも加わり、日本図書館協会顧問も務めた。「読書療法」という訳語を最初に作り、広めたのも彼とされる。主著に『近世日本文庫史』、『図書館の対外活動』など。彼の自筆稿や蔵書など研究資料は現在、同志社大学図書館に竹林文庫として所蔵されている。（1888 ～ 1960）

日本《にほん》近代《きんだい》図書館《としよかん》学《がく》叢書《そうしよ》　6

図書《としよ》の選択《せんたく》—理論《りろん》と実際《じつさい》

平成29年12月18日初版第一刷発行
著　者：竹林《たけばやし》 熊彦《くまひこ》
発行者：中野 淳
発行所：株式会社 慧文社《けいぶんしや》
〒174-0063
東京都板橋区前野町4-49-3
〈TEL〉03-5392-6069
〈FAX〉03-5392-6078
E-mail:info@keibunsha.jp
http://www.keibunsha.jp/
印刷所：慧文社印刷部
製本所：東和製本株式会社
ISBN978-4-86330-179-5